Lilo Schmitz

Die Kunst systemisch-lösungsfokussierter Beratung

Gut beraten mit sparsamen und entspannten Methoden

Lilo Schmitz

Die Kunst systemisch-lösungsfokussierter Beratung

Gut beraten mit sparsamen und entspannten Methoden

Unser Buchprogramm im Internet
www.verlag-modernes-lernen.de

Externe Links
Der Verlag weist ausdrücklich darauf hin, dass eventuell im Text enthaltene externe Links vom Verlag nur bis zum Zeitpunkt der Buchveröffentlichung eingesehen werden konnten. Auf spätere Veränderungen hat der Verlag keinerlei Einfluss. Eine Haftung des Verlages ist daher ausgeschlossen.

Dieses Buch ist die völlig überarbeitete und verbesserte Neu-Ausgabe des vergriffenen Titels „Lösungsorientierte Gesprächsführung" (B 8411).

Cover Illustration + Fotos: Thomas Kaintoch, Köln

Gesamtherstellung in Deutschland: Löer Druck GmbH, Dortmund

Bestell-Nr. 4375 ISBN 978-3-8080-0954-3

Inhalt

Zu diesem Praxisbuch

Was finden Sie in diesem Praxisbuch?

Seit über 30 Jahren bilde ich Menschen in systemisch-lösungsfokussierter Beratung aus. Ich bin glücklich, dass ich diesen schönen, minimalistischen und respektvollen Beratungsansatz bei seinen Begründer*innen Steve de Shazer und Insoo Kim Berg in Deutschland und in ihrem Institut in Milwaukee erlernen durfte. Seine Philosophie und Praxis ergänzte ideal meine lange Ausbildung und Praxis in personzentrierter Gesprächspsychotherapie. Lösungsfokussierung ist ein lebendiges Paradigma. Auch nach dem Tod von Steve und Insoo wird ihr klassisches Beratungsmodell durch ihre Schüler*innen ständig erweitert und entfaltet sich in jedem Kontext neu. Ich bin Mitglied in der IASTI, der „International Alliance of Solution Focused Teaching Institutes“, einem Verbund, in dem sich internationale Schüler*innen von Insoo Kim Berg und Steve de Shazer zusammengeschlossen haben und auf einer verbindlichen Basis mit internationalen Zertifikaten ausbilden.

In diesem Praxisbuch finden Sie eine bewährte Auswahl meiner Bausteine und Übungen für die Einzelberatung und die kollegiale Beratung, mit denen Studiengruppen, Seminare und kollegiale Lerngruppen lösungsfokussierte Haltung und Technik einüben können. Am besten entfalten sich die Übungen dieses Buches, wenn sie in einer kleinen Lerngruppe gemeinsam erprobt werden. Auch die lösungsfokussierte Selbstberatung kann eine gute Ergänzung darstellen. Übungen, die zur Selbstberatung geeignet sind, sind neben ihrem Titel mit einem „S“ gekennzeichnet.

Die meisten Übungen habe ich aus meiner jahrzehntelangen Praxis entwickelt, wobei neben Anregungen von Steve de Shazer und Insoo Kim Berg auch die Rückmeldungen und Anregungen meiner Studierenden, Seminar-Teilnehmer*innen und Kolleg*innen einfließen. Wo ich Anregungen anderer Wissenschaftler*innen und Praktiker*innen aufgenommen habe, habe ich meine Quellen nach bestem Wissen gekennzeichnet.
Manche Weiterentwicklungen des lösungsfokussierten Ansatzes liegen jedoch einfach „in der Luft“ und werden entsprechend dem Zeitgeist an vielen Orten parallel entwickelt. Wer selbst Trainings in Lösungsfokussierung anbietet, ist eingeladen, bei Nennung der Quelle regen Gebrauch von den Materialien dieses Praxisbuches zu machen.

Was finden Sie nicht in diesem Praxisbuch?

Dieses Praxisbuch stellt keine theoretische Einführung in den systemisch-lösungsfokussierten Ansatz dar.

Für eine solche Einführung empfehle ich eines der in der Literatur genannten Lehrbücher sowie – falls irgend möglich – den Besuch eines systemischen oder systemisch-lösungsfokussierten Einführungs-Seminars oder einer systemisch-lösungsfokussierten Weiterbildung.

Gender und Anrede

Alle sozial zugeschriebenen und selbst gewählten Geschlechtsrollen sprachlich zu berücksichtigen ist unmöglich. Wenn an vielen Stellen dieses Übungsbuches nur die weibliche Form mit Sternchen* auftaucht, sind alle Geschlechter gemeint und angesprochen.

Wo Menschen in psychosozialen Berufen zusammenarbeiten oder lernen, gehen sie gerne zum kollegialen „du" über. Bei bestimmten Bausteinen, die in einer vertrauten Lerngruppe durchgeführt werden sollten, habe ich das „du" auch in die Übungsanleitung übernommen. An anderen Stellen findet sich die respektvoll-distanzierte „Sie"-Form. Ändern Sie dies nach den Bedürfnissen Ihrer Lerngruppe und Ihrer beraterischen Praxis ab.

Beratung kann nicht (nur) aus Büchern gelernt werden

Wer systemisch-lösungsfokussiert beraten lernen will oder lösungsfokussierte Elemente in seine Praxis aufnehmen möchte, muss dies trainieren. Die Grundlagen werden oft schon im Studium gelegt und später in der Fort- und Weiterbildung praxisbezogen entwickelt. Eine weitere Möglichkeit ist der:

Aufbau einer kollegialen Lerngruppe

Viele Berufskolleg*innen kennen kollegiale Lerngruppen durch ihre Zusatzausbildungen. In der „Peer-Gruppe" wird gemeinsam gelernt und die Gruppe begleitete die persönliche Entwicklung der einzelnen Teilnehmer*in.

Auch außerhalb eines langjährigen Ausbildungszusammenhangs gibt es viele gute Gründe für den Aufbau einer kollegialen Lerngruppe:

- Berater*innen gewinnen ein Forum für fachlichen Austausch und kollegiale Beratung.
- Sie haben direkt die Möglichkeit, neue Ansätze in der gegenseitigen Beratung zu erproben.
- Sie können Freunde und Bekannte – statt sie selbst privat zu beraten (sehr ungünstig!) – einladen, sich von ihren Kolleg*innen in der kollegialen Lerngruppe beraten zu lassen.

- Mitunter bildet sich sogar eine freundschaftliche Gruppe, die ihren Mitgliedern Rückhalt und echtes Feedback bei beruflichen wie privaten Anliegen und Problemen gibt.
- Alle Mitglieder der kollegialen Lerngruppe können sich selbst von Kolleg*innen beraten und begleiten lassen.

Erfolgreiche kollegiale Lerngruppen treffen sich entweder regelmäßig live oder online oder veranstalten Fortbildungs-Wochenenden, z. B. in landschaftlich schön gelegenem Umfeld.

Der beste Weg, den lösungsfokussierten Ansatz zu erlernen, ist die Bildung einer solchen kollegialen Lerngruppe, um die hier beschriebenen Bausteine üben zu können. Es wird sich für Sie lohnen!

Rollenspiel und echte Anliegen

Rollenspiele in der Beratungs-Ausbildung haben eine gute Tradition und sind manchmal sinnvoll (Beispiel: Übung für den Hausbesuch bei einer Familie).

Ein großer Nachteil von Rollenspielen: Wer eine Rolle spielt, freut sich mitunter, endlich eine besonders „schwierige" Klient*in spielen zu können und hält diese Rolle durch, egal wie gut die Beratung auch sei. Die Kolleg*innen können sich buchstäblich „die Zähne ausbeißen".

In meinen lösungsfokussierten Seminaren arbeite ich deshalb, wo immer es geht, mit den echten und aktuellen Anliegen der Teilnehmer*innen. Die wichtigsten Gründe, die dafür sprechen, sind:

1. Als Berater*in haben Sie keine Schauspieler*in vor sich, sondern einen Menschen, der an wirklichen Anliegen arbeitet und mit Ihnen eine authentische Beratungssituation gestaltet.

2. Zusätzlich gewinnen Sie Selbsterfahrung, die ein wichtiger Bestandteil von Beratungs- und Beratungsausbildungen sein sollte. Lösungsfokussierte Selbsterfahrung meint hier:

   - Sie erfahren lösungsfokussiertes Arbeiten auch aus der Sicht eines Menschen, der beraten wird.
   - Sie öffnen sich Ihrer Lerngruppe und verlassen sich auf die Vertraulichkeit alles Besprochenen.

- Sie arbeiten lösungsfokussiert und mit Unterstützung Ihrer Trainingsgruppe an kleinen und größeren Lebensthemen.

Selbstberatung

Die beste Form mit diesem Lern- und Übungsbuch zu arbeiten, ist die kollegiale Lerngruppe. Aus den Rückmeldungen zu den Vorläufern zu diesem Buch weiß ich aber, dass manche Leser*innen gerade dann lesen und lernen wollen, wenn eine solche Lerngruppe nicht zur Verfügung steht.
Deshalb rege ich Sie bei geeigneten Übungen dazu an, auch lösungsfokussierte Selbstberatung auszuprobieren.

Was kann lösungsfokussierte Selbstberatung?
Ungewöhnliche Fragen kann ich mir auch selbst stellen. Wenn ich Disziplin und Ruhe aufbringe und aufrichtig versuche, die Fragen zu beantworten, besteht der Gewinn in einer neuen Sicht auf meine Anliegen.
„Ich weiß erst, was ich sage." – das ist eine der lerntheoretischen Grundüberzeugungen der Lösungsfokussierung. Ungewöhnliche Fragen und das Fassen in Worte – schriftlich oder für mich laut ausgesprochen – geben mir eine neue Perspektive und bilden neue Gedankenfiguren.

Was kann lösungsfokussierte Selbstberatung nicht?
Bei der Selbstberatung fehlt das Gegenüber, die interessierte Person der Berater*in, die mit ihrer nichtbetroffenen Außenperspektive und ihrer Respektlosigkeit nicht mir, sondern dem Problem gegenüber wertvolle Anstöße gibt, Hoffnung und Humor verbreitet und mich ehrlich anerkennt. Selbstberatung lässt die Berater*in eher befangen in ihren eigenen Vor-Urteilen, kann also immer nur eine Anregung darstellen, einen kleinen Anstoß in eine vielleicht neue Richtung.

Freunde und Bekannte zur Beratung tauschen

Gute Erfahrungen haben wir damit gemacht, wenn unsere Teilnehmer*innen sich für die Dauer der Ausbildung vornehmen, im eigenen Verwandten- oder Freundeskreis KEINE Beratungen (mehr) durchzuführen. Zu groß sind die Gefahren des helfenden Stils, jedes Unwohlsein und jede Krise beraten zu wollen. Schauen Sie kritisch auf ihr privates Umfeld: Wenn Sie selbst öfter beraten WERDEN statt selbst zu beraten, besteht keine Gefahr. Aber wenn Sie öfter BERATEN als beraten werden, sollten Sie das ändern. Bieten Sie Partner*innen, Freund*innen oder Verwandten an, dass sie Beratungsgespräche bei den anderen Kolleg*innen aus Ihrer Gruppe führen können. Die Einladenden selbst nehmen nicht an dem Gespräch teil und erfahren auch nichts zum Inhalt, der vertraulich bleibt.

Persönliche Haltung

Bei jeder Beratung wirkt im Hintergrund die persönliche Haltung der Berater*in, ihre Einstellung zu den Grundfragen des Menschseins:

- Woher kommen wir und wohin gehen wir?
- Was ist die Natur des Menschen?
- Welche Aufgaben haben wir während unseres Lebens auf der Welt für uns selbst, für Andere, für die Gesellschaft?
- Wie stehen wir zu Macht und Ohnmacht, zu Reichtum und Armut, zu Krieg und Frieden, zu Gesundheit und Krankheit, zu Individualität und Gruppenzugehörigkeit, zu Gesetz und Übertretung, zu Tradition und Veränderung?

Die eigene Haltung zu erkennen, zu diskutieren, ihr treu zu bleiben und sie gleichzeitig weiterzuentwickeln bildet die Basis einer Arbeit mit Menschen. Der Klient*in ihre eigene, auch ganz abweichende Haltung zuzugestehen, gehört zu den Grundlagen einer menschenfreundlichen humanistischen Beratung. Diese Offenheit ermöglicht es uns, uns mit jeder Beratung auch weiter zu entwickeln und weiter zu lernen.

Handwerkszeug

Neben der Haltung sind es auch Routinen und Handwerkszeug, die uns dabei unterstützen, in unserem persönlichen Stil zu beraten. Sie helfen professionelle oder ehrenamtliche Beratung vom freundschaftlichen Gespräch und Rat zu unterscheiden. Sie unterstreichen unsere Rolle als Beraterin und vermitteln uns und den Klient*innen einen sicheren Rahmen, in dem Beratung wirken kann.

Was ist systemisch-lösungsfokussierte Beratung?

Was verstehe ich unter Beratung?

„Beratung" begreife ich in der Tradition der personzentrierten Beratung nach Carl Rogers als Oberbegriff für alle Arten professioneller Gespräche, die das Ziel der psychosozialen Förderung der Klient*innen haben. Ein Mensch oder eine Gruppe von Menschen suchen mit Hilfe einer professionellen oder ehrenamtlichen Berater*in Orientierung und Klärung als Grundlage für ihre Lebenspläne und nächsten Schritte. Themen können kleine Alltagsanliegen bis hin zu einer Neuausrichtung des Lebens sein. Ziel von Beratung ist meist die Stärkung von Autonomie und Lösungskompetenz, aber auch der Zugang zu Ressourcen. Es gibt Expert*innen-Beratung, wobei neben allgemeinem Beratungswissen auch das Expert*innenwissen der Berater*in gefragt ist, bis hin zu einer intensiven psychosozialen Beratung, die sich schon im Übergangsbereich zur Therapie befindet. Auch die Begriffe Coaching und Supervision bezeichnen spezielle Formen von Beratung, die meist im beruflichen Kontext verwendet werden.

Was verstehe ich unter systemischer Beratung?

Unter dem großen Dach „systemische Beratung" finden sich eine Vielzahl von unterschiedlichen Beratungsansätzen. Die Unterschiede sind nicht nur im historischen Kontext der jeweiligen Entstehungsgeschichte begründet, sondern zeugen durchaus von unterschiedlichem Menschen- und Weltbild und unterschiedlichen Lerntheorien.
Gemeinsam ist aber den meisten systemischen Beratungsansätzen, dass aus ihrer Sicht der Mensch verwoben ist in soziale Systeme, in Rückkoppelungsschleifen von Kommunikation, Deutung und wechselseitigen Zuschreibungen. Die einzelne Klient*in ist wie in einem riesigen Mobile mit anderen Personen und Gruppen verbunden und zeigt je nach Interpretation von Situation, Zuschreibung und Zugehörigkeit unterschiedliches Verhalten. Diese Kontext- und Deutungsgebundenheit ist zugleich die Chance der systemischen Beratung. Wie bei einem Mobile kann die Bewegung einer einzelnen Figur Veränderung für das Ganze mit sich ziehen.
Im Gegensatz zu früheren Jahren geht die systemische Therapie und Beratung heute davon aus, dass Systeme nicht grundsätzlich und immer nach Stabilität streben, sondern Phasen der Stabilität wiederum von Phasen der Krise, des Chaos und der Transformation unterbrochen werden.
Moderne Systemtheorie ist konstruktivistisch. Das bedeutet: Jeder Mensch erschafft sich durch seine Deutungen seine Welt selbst. Der gleiche Blick kann von einer Person als hochmütig, von der nächsten als teilnahmslos und von der dritten Person als aufmerksam wahrgenommen werden. Diese individuelle Innenwelt können wir weder ganz verstehen noch nach unseren Vorstellungen beeinflussen, aber wir können als Berater*innen respektvoll ankoppeln und versuchen nützlich zu sein. Wir sind als Berater*innen ebenso Teil

des Beratungs-Systems wie der Klient und verändern uns gemeinsam mit den Klient*innen durch Co-Produktion von Bedeutung und Entwicklung.

Was verstehe ich unter systemisch-lösungsfokussierter Beratung?

Unter dem großen Dach der systemischen Beratungsansätze wurde das lösungsfokussierte Beratungsmodell seit den 70er-Jahren von Steve de Shazer, seiner Ehefrau Insoo Kim Berg und ihren Mitarbeiter*innen am „Brief Family Therapy Center“ in Milwaukee / USA entwickelt. Die Eheleute lernten sich am Palo-Alto-Institut kennen, der berühmten Wiege vieler systemischer Ansätze. Beide hatten neben anderen Ausbildungen einen Master-Abschluss in Sozialer Arbeit, so dass ihre Beratungspraxis und ihre Veröffentlichungen von vorneherein die ganze Bandbreite menschlicher und gesellschaftlicher Situationen umfassten. Ihre Themen reichen von legalen und illegalen Drogen bis zu Straffälligkeit, Gewalt in der Familie und Kindeswohlgefährdung. In ihrem Institut in Milwaukee arbeiteten sie mit Menschen aller Gesellschaftsschichten zusammen und boten kostenfreie Beratungen für Menschen in prekären Lebenssituationen an.
Inzwischen sind Steve de Shazer und Insoo Kim Berg verstorben. Ihre Schüler und Schülerinnen haben sich in der IASTI (International Alliance of Solution Focused Training Institutes) zusammengetan, in der ich auch als akkreditierte Lehrtrainerin organisiert bin.
Systemisch-lösungsfokussierte Beratung hat sich in den letzten Jahren und Jahrzehnten bei allen Arten von Beratung als freundlicher und respektvoller Ansatz der ersten Wahl durchgesetzt. Sie kann in vielfältigen Kontexten überall da eingesetzt werden, wo Menschen gefördert, begleitet oder stabilisiert werden sollen.

In einer sehr sparsamen und nicht normativen Weise setzt der Ansatz nicht bei Problemen und deren Ursachen an, sondern bei den Visionen und den positiven Erfahrungen, die die Klient*in mit sich selbst und der Verwirklichung ihrer Anliegen gemacht hat. Damit bestärkt er die Klient*innen in ihrer Selbstwirksamkeits-Überzeugung und fördert Prozesse des Empowerment.
Der Ansatz geht schonend mit den Kräften und Ressourcen der Berater*innen um, die sich in eine aufmerksame, aber bescheidene Haltung des „Nicht-Wissens“ begeben. Die Hauptarbeit wird von der Klient*in geleistet.
Lösungsfokussierte Beratung zeichnet sich durch Klarheit und gute Vermittelbarkeit aus und kann bereits während des Studiums in Grundzügen vermittelt werden.
Zahlreiche Praktiker*innen in der ganzen Welt haben den Ansatz übernommen, mit anderen Beratungsansätzen und eigenen neuen Ideen kombiniert, in unterschiedliche Beratungsfelder eingebracht und so ihren eigenen Beratungs-Stil entwickelt.

Die Philosophie und Lerntheorie des lösungsfokussierten Ansatzes

Menschenbild und Lerntheorie

Das Team in Milwaukee vertritt ein konstruktivistisches bzw. konstruktionistisches Menschenbild, das besagt, dass Menschen Wirklichkeit nicht objektiv zugänglich ist, sondern dass sie die Welt stets vermittelt erleben und ihr Erleben und Handeln durch ihre Konstrukte, Bilder und Interpretationen geleitet werden. Eine wichtige Rolle spielt in diesem Zusammenhang, wie Menschen ihre Welt sprachlich fassen. „Ich weiß erst das, was ich sage!" ist vielleicht die wichtigste lerntheoretische Grundannahmen der Lösungsfokussierung.
Aus dem Menschenbild des Konstruktionismus leitet sich auch die Haltung des Nicht-Wissens ab, die zum Leitsatz hat, jedem Menschen neugierig und möglichst ohne Vorannahmen zu begegnen. Gearbeitet wird mit den Anliegen, die Menschen mitbringen und eine expert*innenhafte Haltung, die bei Menschen noch weitere „tiefer" oder „dahinter" liegende Probleme vermutet, verbietet sich.
Die lösungsfokussierte Haltung tritt Menschen freundlich und respektvoll entgegen. Menschen kommen jedoch oft mit einer „Schere im Kopf" in die Beratung, einem ganz eingeengten Blick auf das, was möglich oder nötig ist. Aus diesem Grund zeigt die Lösungsfokussierung eine gewisse humorvolle Respektlosigkeit gegenüber dem Problem, das die Klient*in in die Beratung führt. Die Kunst lösungsfokussierter Beratung besteht darin, Respekt für die Person und die Schwierigkeit der aktuellen Lebenssituation mit einer heiteren Respektlosigkeit gegenüber dem Problem zu verbinden.
Aus Sicht der Lösungsfokussierung ist Veränderung unumgänglich. Sie ist Teil des menschlichen Lebens. Lösungsfokussierte Beratung unterstützt Menschen dabei, ihr Leben in Richtung eines von ihnen gewünschten Zustandes zu verändern. Voraussetzung für eine solche Veränderung ist meist auch eine Veränderung der inneren Bilder, Konstrukte und „Landkarten". Eine solche Veränderung geschieht aus Sicht der Lösungsfokussierung durch verändertes Sprechen. Sprache ist ein mächtiges Instrument. Sie kann Dinge „herbeireden" oder „totschweigen", neue Bilder und Interpretationsrahmen bilden oder alte verstärken.
So ist ein Hauptwerkzeug der Lösungsfokussierung,

Menschen mit Hilfe ungewöhnlicher Fragen dazu einzuladen neu über sich und die Welt zu sprechen.

Im Mittelpunkt der Beratung steht nicht das Problem, sondern die angestrebte Entwicklungsrichtung. Das hat mehrere Gründe:
Systemisch-lösungsfokussierte Beratung sieht sich nicht in der Lage, Probleme zu lösen. Sie betrachtet sich jedoch als Expert*in für Anliegen und Wünsche der Klient*in, für Veränderungen in gewünschte Richtungen. Dabei betrachtet sie Probleme und Anliegen grundsätzlich als zwei verschiedene und nicht verbundene Dinge.
Wie ein Sportler sich vor seinem Wettkampf mental seine guten Leistungen vorstellt, soll auch die Klient*in Begriffe und Bilder von ihren angestrebten Zielen, früheren guten

Zeiten und auch heute gelingenden Situationen entwickeln, die dann in Handeln und Erleben hineinwirken.

Drei Grundregeln für die lösungsfokussierte Beratung

1. Nichts reparieren, was nicht kaputt ist

Lösungsfokussierte Beratung greift nur die Anliegen auf, die die Klient*in vorbringt und stellt keine Vermutungen über dahinterliegende „echte" Probleme an.
Sie geht hier konform mit einem großen Teil neuerer systemischer Beratung und Therapie, die sich von älteren normativen Konzepten getrennt hat.

2. Mehr von dem tun, was klappt

Jede Klient*in bringt Ressourcen und Fähigkeiten mit, die ihr bei der Verfolgung ihrer Anliegen hilfreich sind und waren und zu denen der Zugang manchmal aus inneren oder äußeren Gründen versperrt ist. Lösungsfokussierte Beratung begibt sich gemeinsam mit der Klient*in auf die Suche nach dem, was sich bereits als hilfreich erwiesen hat und dem Stil und Tempo der Klient*in entspricht.

3. Aufhören mit dem, was mehrfach nicht geklappt hat: Etwas anderes versuchen!

Wenn Menschen Kraft und Energie in Lösungsversuche investieren, die immer wieder scheitern, folgt lösungsfokussierte Beratung dem Modell der systemisch-strategischen Beratung, das sich mit der Unterbrechung solcher Teufelskreise beschäftigt. Die Kunst besteht darin, dass etwas wirklich Anderes versucht wird und keinesfalls ein „Mehr Desselben".

Grundannahmen für die Beratungsarbeit

Die Beratung konzentriert sich auf die Gegenwart und die erwünschte Zukunft. Aus der Vergangenheit werden nur die Erfolge und Ausnahmen berücksichtigt:

- Wann war das Problem nicht da?
- Wann und wie sind Sie bereits mit solchen Situationen fertig geworden?
- Was hat Ihnen damals geholfen?

Lösungsfokussierte Beratung glaubt wie die meisten systemischen Ansätze an den Domino-Effekt. Notwendig ist nur eine kleine Veränderung im Handeln oder in der Sichtweise unserer Klient*innen. Wenn diese Veränderung an der richtigen Stelle erfolgt, ergibt sich ein Domino-Effekt und alles muss sich neu ordnen.

Unterschiedliche Beratungssituationen

Klient*innen kommen mit unterschiedlichen Motiven in die Beratung. Die gleiche Klient*in kann in unterschiedlichen Beratungsstunden wechselnde Motive und Ziele entwickeln. Deshalb ist es hilfreich, sich in jeder Beratung zu fragen, welchen Charakter die Beratungssituation ganz aktuell hat:

– Manchmal ist die Klient*in motiviert, viel für eine Änderung zu investieren. Sie geht davon aus, dass sie selbst ihre Probleme angehen und ihre Ziele verfolgen kann.
– Manchmal kommt die Klient*in zunächst weniger aus eigenem Antrieb, sondern ist von ihrer Familie, Freund*innen oder helfenden bzw. kontrollierenden oder gar strafenden Institutionen geschickt worden. Sie weiß selbst nicht recht, was sie in der Beratung soll.
– Manchmal sieht die Klient*in die Ursache ihrer Probleme bei äußeren Umständen und anderen Personen, über die sie klagt.

All diese Situationen sind legitim und kommen in der täglichen Beratungsarbeit vor. Hier schlägt lösungsfokussierte Beratung jeweils eine spezielle Haltung und einen speziellen Fokus vor. Bei geschickten Klient*innen interessiert vor allem: Welche Motive haben die Klient*in trotz ihrer Zweifel in die Beratung gebracht? Die Situation der Klagenden dagegen erfordert Wohlwollen und Mitgefühl, aber keine aktive Beratungsenergie. Beide Beratungssituationen werden im Kapitel „Schwierige Beratungssituationen“ noch einmal ausführlich besprochen.

Hier kommt ein weiterer Grundsatz Lösungsfokussierter Beratung zum Tragen:

Die Berater*innen sollen in der Gesprächssituation nicht mehr arbeiten als die Klient*innen

Wir können Menschen nicht verändern, wir können sie nur in ihrem Tempo begleiten.
Jede Trainerin in einem Fitness-Kurs weiß, dass ihre Kund*in selbst arbeiten muss, wenn sie sportlicher werden möchte. Im Bereich der psychosozialen Beratung tun wir aber häufig so, als könnten wir an Stelle unserer Klient*innen die Hanteln schwingen und damit zu ihrer Fitness beitragen.
Im Beratungsprozess machen Menschen unterschiedliche Phasen von Veränderungsprozessen mit unterschiedlichem Einsatz von Tempo und Energie durch. Hier sensibel für die Situation der Klient*innen unsere eigene Energie sparsam einzusetzen, ist einer der herausfordernden Lernprozesse in der lösungsfokussierten Ausbildung.
In diesem Praxisbuch werden Sie dazu Anregungen und Übungen finden.

Die Lösungswege der Klient*in

Anregungen, Experimente, Tipps und Ratschläge sollen den bewährten Lösungswegen der Klient*in folgen

Die Suche nach den bewährten Lösungsstrategien unserer Klient*innen ist ein Kernpunkt der systemisch-lösungsfokussierten Beratung. Ich selbst habe gute Erfahrungen damit gemacht, Lösungsstrategien grob in 3 Hauptwege zum Ziel zu unterteilen:

Lösungsstrategie 1: Nichts tun, abwarten, auf glückliche Gelegenheiten warten
Diese Gelegenheiten werden je nach Klient*in gesucht, ergriffen, gesehen oder nicht gesehen werden. Hier findet sich beispielsweise das eher scheiternde Modell „Mein Leben beginnt, wenn ich endlich im Lotto gewinne", aber auch das glückliche Modell „Ich mache mir keine Sorgen, ich habe immer noch eine schöne Wohnung gefunden".

Lösungsstrategie 2: Hilfe annehmen
Diese Hilfe kann je nach Klient*in aktiv erbeten werden („Ich ziehe morgen um, hast du eine Stunde Zeit mir zu helfen?") oder die Klient*in verhält sich so, dass die Umgebung Hilfe offeriert („Ich ziehe morgen um und bis jetzt habe ich nur eine einzige Freundin gefunden, die helfen kann ...")

Lösungsstrategie 3: Selbst aktiv werden
Die Klientin tut selbst aktiv den nächsten Schritt, entweder geplant und überlegt oder ganz spontan und unüberlegt.

Meiner Beratungserfahrung nach haben Menschen in der Regel eine bevorzugte Strategie, eine zweite (auch noch mögliche) Strategie und eine, die sie in der Regel nicht einsetzen. Bei Stress (verursacht etwa durch Zeitdruck, eine Krise, ein unvorhergesehenes Ereignis) werden die meisten Menschen ihre erste bevorzugte Strategie wählen.
Beispiel: In einem Team arbeiten A und B zusammen. Wenn Bs bevorzugte Strategie die eigene Aktivität ist, während As bevorzugte Strategie ist, sich helfen zu lassen, werden beide auch unter Stress gut harmonieren. Wenn aber beide die Strategie „Ich werde selbst aktiv" in widersprüchliche Richtungen aktivieren, ist vielleicht Streit vorprogrammiert.

Lösungsfokussierung im engeren und im weiteren Sinn – das wichtigste Handwerkszeug des Ansatzes

Es gibt spezielle lösungsfokussierte Beratungsstrategien. Aber diese anzuwenden ist kein Muss. Es reichen Haltung und Philosophie aus. Als lösungsfokussiert im weiteren Sinn kann ich eine Beratung dann bezeichnen, wenn der größte Teil der Beratungszeit folgende Gesprächsschwerpunkte hat:

- die angestrebte Entwicklungsrichtung der Klient*in
- die ersten kleinen Schritte, die getan sind
- Veränderungen vor der Beratung
- das, was sich die Klient*in erhofft, wenn es weiter in die angestrebte Richtung geht
- den Grad der Zuversicht, den die Klient*in und bedeutsame Andere haben
- der gute Umgang mit ähnlichen Situationen in der Vergangenheit
- die Modelle und Vorbilder der Klient*in
- der nächste kleine Schritt
- der richtige Zeitpunkt
- das Gute am bisherigen „Schlechten"

Als lösungsfokussiert im engeren Sinne kann ich eine Beratung bezeichnen, wenn sie zusätzlich zu diesen Schwerpunkten die klassischen handwerklichen Instrumente des Modells aus Milwaukee einsetzt, die ich im Folgenden beschreiben will.

Speziell lösungsfokussierte Fragen
Diese regen die Klient*innen optimal an, neu und anders nachzudenken über sich, ihre Ziele und ihre individuellen Wege dorthin. Sie sind stets offen konstruiert (keine Ja- oder Nein-Fragen) und erforschen kompetenzorientiert meist den positiven Bereich des Anliegens.

In diesem Praxisbuch lernen Sie zunächst die Kraft lösungsfokussierter Fragen mit bewährten Formulierungen kennen. In späteren Übungen machen Sie erste Schritte, solche Fragen in Ihrem eigenen Stil zu konstruieren und für Ihr Arbeitsfeld passend zu machen.

Echte Anerkennung und Reframing
Echtes und ehrliches positives Feedback unterstützt und ermutigt unsere Klient*innen. Reframing setzt Dinge in einen anderen Rahmen, in ein neues Licht, ohne sie schönzureden.

In diesem Praxisbuch machen Sie Erfahrung damit, echte Anerkennung auszusprechen und anzunehmen. Wenn Sie üben, wird im Laufe der Zeit ein Sichtwechsel stattfinden: Sie werden immer mehr Anlass finden, kongruent und passend Anerkennung und Reframing einzusetzen.

Skalierungen
Zahlen-Skalen helfen Klient*innen und Gesprächspartner*innen dabei, vom schwarz / weiß, gut / schlecht-Denken wegzukommen, machen kleine Schritte planbar und kleine Erfolge erkennbar.

In diesem Praxisbuch lernen Sie erste Skalierungs-Fragen kennen und üben schrittweise den souveränen und spielerischen Umgang mit vielfältigen Skalen.

Die „Wunderfrage“

Die „Wunderfrage“ wurde von Insoo Kim Berg entwickelt und in ihre „klassische“ Form gebracht. Sie ermuntert die Klient*innen zu beschreiben, was sich in ihrem Leben wohl verändert, wenn ein Wunder geschieht und ihr Problem nicht mehr existiert, sondern ihre Wünsche in Erfüllung gegangen sind. Mehr als das konkrete Wunder (Beispiel: „Ich habe endlich einmal eine Diät durchgehalten.“) bilden diese erhofften Veränderungen das Kernanliegen der Klient*in (Beispiel: „Ich fühle mich lebendig und fröhlich!“). Die Wunderfrage fordert Klient*innen dazu auf, ohne „Schere im Kopf“ („ist nicht möglich“) die eigenen Wünsche und Ziele zu erkunden und setzt damit ihr kreatives Potenzial frei. In diesem Praxisband finden Sie klassisch formulierte Wunderfragen und hilfreiche Abwandlungen.

Lösungsfokussierte „Experimente“

Häufig endet eine lösungsfokussierte Beratung mit kleinen Aufgaben für die Klient*in, die als „Experimente“ behutsam Veränderungen anstoßen oder Sand in das Getriebe von Teufelskreisen streuen können. Ob solche kleinen Experimente hilfreich sind, wird häufig in der lösungsfokussierten Community kontrovers diskutiert und jede Berater*in handhabt das anders.

In diesem Praxisband lernen Sie erste Grundregeln für lösungsfokussierte Experimente und üben sich darin, ohne Überforderung der Klient*innen anregende Handlungs- und Beobachtungs-Experimente zu entwerfen.

Veränderungen vor der Beratung

Fragen nach der Veränderung vor der Beratung erschließen der Klient*in den Zugang zu ihren Ressourcen und bereits vorhandenen erfolgreichen Strategien. Sie machen der Klient*in deutlich, dass sie auch ohne Berater*in bereits wichtige Schritte machen konnte und arbeiten damit einer „erlernten Hilflosigkeit“ entgegen.

Die Berater*in erfragt diese Veränderungen

- entweder direkt („Bei den meisten unserer Klient*innen hat sich zwischen der Anmeldung und der Beratung schon irgendetwas zum Besseren hin verändert. Was war das bei Ihnen?“)
- oder über die Skalierung („Wenn 10 für das Wunder steht und 0 für die schlimmste Zeit, die Sie je hatten, wo ordnen Sie sich heute ein?“ „Was ist geschehen / was haben Sie getan, dass Sie heute auf [z. B. 2] sind und nicht auf 0?“ „Was noch?“ „Was noch?“)

Lösungsstrategien akzeptieren und nutzen

Leider haben Berater*innen oft das Sendungsbewusstsein, der Klient*in nicht nur in Richtung Lösung weiterzuhelfen, sondern zugleich neue (vermeintlich bessere) Lösungsstrategien nahezubringen. Da soll eine Klient*in, die untätig verharrt, auf ihr Glück hofft und sich gelegentlich Hilfe sucht, endlich lernen, selbständig aktiv zu werden.
Dies ist aus Sicht der Lösungsfokussierung wenig hilfreich:

- Es gibt keine besseren oder schlechteren Lösungswege. Wären alle Menschen so aktiv, entschlossen und handlungsbereit, wie es Berater*innen oft sind, würde das Mehr an Müll, Transport, Energie und vorschnell gezimmerten Projekten die Welt schnell ins Wanken bringen. Auch wer abwartet, auf sein Glück vertraut oder sich bei vielen Dingen helfen lässt, kann gut und zufrieden durchs Leben kommen. Viele Lebensentwürfe und -strategien, die uns unmöglich erscheinen, sind dennoch „viabel", also lebensfähig und vermitteln Freude und Resilienz, Sinn und Frohsinn, Fähigkeit zum Alleinsein oder zur Geselligkeit.
- Die Klient*in hat keine Erfahrungen mit der von uns vorgeschlagenen Strategie, die sie in der Regel aus wichtigen Gründen bisher in ihrem Leben nicht gelernt hat.
- Die Klient*in erlebt, dass wir ihre bisherigen Lösungsstrategien nicht wertschätzen, was den Rapport empfindlich stören kann.
- Deshalb sollten unsere Experimente und Empfehlungen immer an gelingende Strategien anknüpfen und diese nur sehr behutsam in Richtung zweite und dritte Strategie ausweiten.

Rollen in der Beratung

Ebenso wie die Klient*in aus ganz unterschiedlichen Situationen und Kontexten kommt, tritt ihr auch die professionelle oder ehrenamtliche Fachkraft in unterschiedlichen Rollen entgegen, z. B. als:

Berater*in
Die Berater*in kann den Anliegen und dem Tempo der Klient*in folgen, denn sie ist zwar wohlwollend, dem Ausgang des Prozesses gegenüber jedoch leidenschaftslos. In diesem Setting können alle Übungen dieses Bandes eingesetzt werden.

Expert*in
Die Expert*in kennt sich in Bereichen gut aus, die für die Klient*in wichtig sind. Wenn ihr Expert*innen-Wissen gefragt ist, kann sie der Klient*in beispielsweise in Fragen des Zugangs zu materiellen Ressourcen, Fragen der Entwicklung, medizinischen Fragen usw. behilflich sein. Die Kunst im Beratungsprozess besteht darin zu erkennen, wann die Klient*in für eine Expert*innen-Meinung offen ist und wann nicht.

Ressourcenbeschaffer*in und Kontrolleur*in
Möglicherweise kann die Berater*in im Rahmen ihres Arbeitsfeldes Ressourcen beschaffen oder verteilen. Möglicherweise soll sie auch ihre Klient*in kontrollieren und ihr bestimmte Vergünstigungen entziehen, wenn diese ihrerseits nicht mitarbeitet. Diese Situation kann die Offenheit der Klient*in im Beratungsprozess grundsätzlich stören. Wenn die Berater*in dies als legitime Selbstsorge der Klient*in akzeptiert, wenn sie ehrlich, freundlich und zuverlässig bleibt, kann sich eine von Respekt getragene Zusammenarbeit ergeben.

Externe Auftraggeber*innen
Zusätzlich zur Klient*in kann es weitere und ggf. wichtige implizite oder explizite Auftraggeber*innen geben, die Erwartungen an die Beratungssituation haben, die nicht mit den Erwartungen der Klient*in übereinstimmen und die Berater*in in Interessenkonflikte stürzen können. Auch hier sind Klarheit der Aufträge, Ehrlichkeit, Bedächtigkeit und Zuverlässigkeit wichtige Schlüssel zu gelingenden Beratungsbeziehungen. Bei der Klärung der verschiedenen Aufträge helfen Team und Supervision.

Lehrer*in und Anwält*in
Hier bringt die Berater*in aus einem eigenen Berufsfeld eigene Ziele mit und hat ihre eigenen Vorstellungen über wünschenswerte Entwicklungen. Diese müssen nicht immer mit den Wünschen, den Anliegen und dem Tempo der Klient*in zusammenpassen. Deshalb ist es wichtig, dass die Berater*in ihre Ziele immer wieder überprüft und hinterfragt und sie mit den abweichenden Zielen der Klient*in und kritischen Stimmen aus dem eigenen Berufsfeld abgleicht.

Viele Beratungssituationen bestehen aus einer Mischung dieser unterschiedlichen Rollen und erfordern eine genaue Auftrags- und Beziehungsklärung, wie sie in Zusatzausbildungen geschieht. Da dies den Rahmen dieses Praxisbuchs sprengen würde, habe ich mich auf die idealtypische Rolle der Berater*in und gewisse schwierige Beratungssituationen beschränkt.

Politik und Lösungsfokussierung

Die zurzeit herrschende neoliberale Ordnung ist gekennzeichnet von Deregulierung, Lohndumping, Aufrüstung und Prekarisierung immer größerer Lebensbereiche. Das ökonomische System zielt auf Wachstum und Gewinnmaximierung. Es garantiert keinen Wohlstand für alle, sondern führt dazu, dass hier und in anderen europäischen Ländern immer mehr Menschen gezwungen sind, mit immer weniger auszukommen. Faire und gesunde Arbeitsplätze, Bildung, Wohnung und ein ausreichendes Einkommen sind knappe Güter geworden. Lassen Sie sich auf keinen Fall dafür einspannen, mit ressourcen-orien-

tierten Verfahren Menschen zu beschwichtigen und zu überreden, sich mit möglichst wenig zufrieden zu geben.
Für mich ist lösungsfokussierte Beratung ein emanzipatorisches Instrument. Ganz im Sinne von Ansätzen wie Empowerment oder Aktionsforschung stärkt es die Selbstwirksamkeits-Überzeugung, den Mut und die Energie der Klient*innen, die meiner Erfahrung nach durch lösungsfokussierte Beratung vielleicht fröhlicher, aber keinesfalls bescheidener werden. Menschen brauchen eine materielle und kulturelle Basis-Ausstattung, die ihnen ein Leben in Würde und Freiheit möglich macht. Wer lösungs- und ressourcen-orientierte Ansätze dazu missbrauchen will, Menschen den Mangel schönzureden, wird scheitern und verstößt gegen die systemisch-lösungsfokussierte Ethik, die anstrebt, die Möglichkeiten von Menschen nicht zu beschneiden, sondern zu erweitern.

Formale und informelle Beratung

Beratung kann ganz formal erfolgen: Die Klientin meldet sich an (oder wird angemeldet). Es gibt einen festen Termin und eine klar umrissene maximale Beratungszeit. Es gibt idealerweise keine Störung und die Beraterin wird sich einen Auftrag von der Klient*in holen und Vereinbarungen (Kontrakt) treffen. Für eine solche Beratung sind diese Anregungen für komplexe Gesprächssituationen gedacht.

Beratung kann aber auch ganz informell erfolgen. Ein bekanntes Beispiel sind die Sozialpädagog*innen in der Offenen Jugendarbeit. Hier haben die Jugendlichen einen Raum für sich und die Sozialpädagog*innen ein offenes Ohr, wenn sie angesprochen werden. Manche Stellen kennen beide Arten von Beratung. Das gilt etwa für den Sozialdienst in einem Altenwohnheim oder für die Schulsozialarbeit. Wer häufig informell berät, kann vielleicht bei den kurzen Gesprächsschleifen dieses Buches fündig werden.

Übung 1 – Formale und informelle Beratung (S)

In der folgenden Matrix sehen Sie einige hilfreiche Grundsätze, die Berater*innen bei formalen und informellen Beratungen anwenden.
Welche Form der Beratung überwiegt bei Ihnen?
Was haben Sie für „innere Regeln und Grenzen“ für diese Gespräche?

Beratung informell	Beratung formal
Nicht verabredet, unverbindlich, kurz und spontan, „zwischen Tür und Angel“	verabredet, verbindlich, mit ausreichend Zeit
Freundlich und zugewandt	Klarer Rahmen (Einladung, Vorstellung mit Rolle und Aufgabe, Vertraulichkeit, Zeitrahmen)
Klare innere Zeitvorstellung einhalten	Aufmerksam zuhören
Nur eine kleine Erklärung oder Hilfestellung nötig? dann sofort raten / handeln	Beste Hoffnungen erfragen
Schwieriges Problem, andere Beteiligte? Schwierigkeit würdigen, keine vorschnelle Lösung	Beraten
Möglichkeit zur längeren Beratung anbieten Achtung: Klientin soll aktiv werden! („Schreiben Sie mir eine Nachricht“) / andere Expert*innen nennen	Ausblick weitere Treffen? wenn … dann …

Übungen zu ehrlicher Anerkennung und Reframing

Das offene Äußern von Anerkennung unterscheidet lösungsfokussierte Beratung von personzentrierter Beratung.

Anerkennung ist allerdings nur dann wirksam, wenn sie aufrichtig und ehrlich ist, die schwierige Situation der Klient*in anerkennt, keine Probleme ausreden will und auch in der Form eher knapp und zurückhaltend formuliert ist.

Das Reframing setzt Dinge in einen neuen Rahmen. Formulierungen wie „Die andere Seite der Münze“ und „Das Gute im Schlechten“ geben der systemischen Überzeugung Ausdruck, dass Einstellungen und Verhalten aus verschiedenen Blickwinkeln betrachtet werden können und zumindest in der Vergangenheit einmal „aus gutem Grund“ aufgenommen wurden. Der Kontext und der Blickwinkel entscheiden darüber, ob eine Einstellung oder ein Verhalten angemessen oder nützlich ist.

Die nachfolgenden Bausteine wollen dabei helfen, ehrliche Anerkennung und Reframing als Elemente lösungsfokussierter Beratung einzuüben.

Übung 2 – Die Kehrseite der Münze I (S)

Ziel: Übung im Reframing

Bearbeiten Sie, idealerweise in Zweier- bis Vierergruppen die folgende Arbeitsaufgabe. Die Ergebnisse können Sie im Plenum sammeln:

Viele negative Eigenschaften machen in einem anderen Kontext durchaus einen nützlichen Sinn. Dem will sich diese Übung nähern.

Orientieren Sie sich an folgendem Beispiel für die Eigenschaft geizig:

„Wer geizig ist, ist oft auch sparsam, hat für Notzeiten vorgesorgt, liegt seinen Freunden nicht auf der Tasche, hat vielleicht viel zu vererben."

Setzen Sie einige der folgenden negativen Eigenschaften in einen anderen Bezugsrahmen:

faul

workaholic / arbeitssüchtig

kaufsüchtig

nachtragend

unordentlich

kleinlich

eifersüchtig

gestresst

neidisch

eifersüchtig

Übung 3 – Die Kehrseite der Münze II (S)

Ziel: Anschluss-Übung im Reframing

Wenn wir eine Eigenschaft bei Anderen stark ablehnen, deutet das manchmal darauf hin, dass es durchaus nützlich oder bereichernd sein kann, etwas von dieser abgelehnten Eigenschaft selbst zu entwickeln.

Bearbeiten Sie, idealerweise in Zweier- bis Vierergruppen die folgende Arbeitsaufgabe:

Stellen Sie in Ihrer Kleingruppe fest, welche Eigenschaft jede/r Einzelne von Ihnen bei anderen Menschen besonders negativ findet.

Notieren Sie diese Eigenschaften hier:

....

....

....

Tauschen Sie sich dann aus:

„Welchen Gewinn haben Menschen wohl von dieser Eigenschaft?

Was erspart einem diese Eigenschaft?

Was bekommen solche Menschen leicht?

Was gelingt solchen Menschen besonders leicht?“

Unterstützen Sie sich gegenseitig dabei, Ideen für jede schlechte Eigenschaft zu finden und tauschen Sie sich aus:

„Wovon könnte ich ein wenig mehr / etwas weniger tun, welchen ganz kleinen Teil dieses negativen Verhaltens könnte ich übernehmen, um es in Zukunft bei bestimmten Dingen auch etwas leichter zu haben?“

Übung 4 – Check-Liste für lösungsfokussierte Anerkennung

Ziel: Ehrliche Anerkennung wirkungsvoll formulieren

Nur echte und ehrliche Anerkennung kann unsere Klient*innen erreichen. Wer beispielsweise für selbstverständliche Kleinigkeiten gelobt wird, kann davon nicht profitieren. Auch überschwängliche Formulierungen, die in Nordamerika vielleicht üblich sind, wirken auf die meisten Klient*innen unecht („... sind wir völlig beeindruckt davon, wie Sie schon ...").

Formulieren Sie Ihre Anerkennung schriftlich und zunächst frei und spontan und überprüfen sie dann anhand der folgenden Kriterien, was Sie weglassen können:

1. Ist meine Anerkennung wirklich *echt?*

Sind Sie unsicher, schweigen Sie lieber!

2. Respektiert meine Anerkennung das Anliegen und den Stil der Klient*in?

Unsere Anerkennung soll der Klient*in die „andere Seite der Münze" zeigen, aber nicht einreden, die Münze sei ein Geldschein.

Wichtig ist, dass das Reframing die Sicht der Klient*in, was ihr Problem / Anliegen ist, respektiert und ihr das Anliegen / Problem nicht ausredet.
Fügen Sie zur Sicherheit nach der Anerkennung noch hinzu, wie Sie das Anliegen der Klient*in verstanden haben, z. B.: „Sie schaffen viel an einem Tag und wünschen sich jetzt mehr Ruhe."
Wirkungsvolle Anerkennung für Fortgeschrittene greift zusätzlich prägnante (positive) Formulierungen der Klient*in auf.

3. Habe ich karg und einfach formuliert? Habe ich alle negativen und einschränkenden Formulierungen weggelassen? Wo kann ich überschwängliche Formulierungen weglassen?

Streichen Sie Begriffe wie „noch", „immerhin", „schon". All dies schränkt Ihre Anerkennung ein.
Ein Beispiel:
Ungünstig: „Mir imponiert, wie du bei dieser geringen Bezahlung und dem furchtbaren Chef noch motiviert bist, deine Arbeit zu tun."
Günstiger: „Mir scheint, du bist sehr motiviert bei der Arbeit!"

Übung 5 – Ehrliche Anerkennung formulieren (S)

Ziel: Übung im geschickten Formulieren von Anerkennung und Lob

Klient*innen haben weniger Bedenken, Anerkennung zu akzeptieren, wenn deutlich wird, dass ihre Berater*innen das Anliegen verstanden haben und nicht das Anliegen ausreden wollen. Eine gute Möglichkeit dazu ist die rhetorische Verbindung von echter Anerkennung und (Re-)Formulierung des Anliegens.
Lösen Sie in Zweier- oder Dreiergruppen etwa 20 Minuten lang die folgende Arbeitsaufgabe. Die Ergebnisse können Sie im Plenum vorstellen.

Arbeitsblatt – Ehrliche Anerkennung
Formulieren Sie für 2 beliebige der folgenden Beispiele ehrliches Lob. Verbinden Sie es mit einer Anerkennung des Anliegens: Wovon wünscht sich die Klient*in mehr?

Orientieren Sie sich an diesem Beispiel:

„Sie sind ein sehr kontaktfreudiger Mensch und bei Ihren Kollegen beliebt. Jetzt suchen Sie nach einem Weg, längere Zeit konzentriert an einem Projekt zu arbeiten."

1. „Mein Büro und mein Schreibtisch sind ein einziges Chaos. Überall liegen Stapel mit Blättern herum und ich finde kaum eine freie Arbeitsfläche. Schon dreimal habe ich mit einem neuen Ordnungssystem angefangen, aber habe es höchstens ein paar Wochen durchgehalten. Ich war schon am Wochenende unbezahlt im Büro, um endlich einmal Ordnung zu schaffen. Ich verliere viel zu viel Zeit, wenn ich ständig Dinge suchen muss. Ich bin ganz unglücklich. So kann es nicht weitergehen!"

2. „Dauernd komme ich zu spät. Ich habe wirklich viel zu tun und viele Termine zu koordinieren. Aber selbst wenn ich Zeit genug habe, verspäte ich mich. Heute Morgen zum Beispiel war ich 10 Minuten zu früh fertig für den Weg zur Arbeit. Da habe ich noch schnell eine Waschmaschine gefüllt und meine Mails gesichtet. Prompt war ich wieder zu spät."

3. „Wie oft habe ich mir schon vorgenommen, nach einer Zeitplanung und einer Prioritätenliste zu arbeiten! Das halte ich aber morgens allenfalls eine halbe Stunde durch, dann vergeht der restliche Tag wieder mit spontanen Telefonaten, Smalltalk mit Kolleg*innen und interessanten Projekten, die kurzfristig auftauchen und abends gehe ich unzufrieden nach Hause."

4. „Ich telefoniere einfach zu viel und zu lange. Wenn ich nach Hause komme, nehme ich mir immer wieder schöne und erholsame Dinge vor, verbringe aber einfach zu viel Zeit

am Telefon. Kaum saß ich gestern mit einem schönen Roman bei einem Glas Wein, klingelte wieder das Telefon und ich habe dann eine Stunde mit meiner Freundin Gabi telefoniert. Ich habe keine Lust mehr, meine Abende so zu verbringen!"

5. „Meine eigene Arbeit schaffe ich meist problemlos. Aber seit Wochen muss ich meinen Kollegen vertreten, der auf unbestimmte Zeit erkrankt ist. Außer mir ist auch niemand da, der ihn vertreten könnte, da nur ich einen Überblick über sein Arbeitsgebiet habe. Ich sammele jede Woche 10 Überstunden an."

Übung 6 – Echte Anerkennung für mich

Ziel: Übung im Formulieren von Anerkennung und Lob, Erfahrung neuer Sichtweisen für eigene Veränderungs-Anliegen
Ausstattung: Arbeitsblatt

Füllen Sie in Einzelarbeit anonym folgende Aufgabe aus (ca. 10 Minuten) und legen Ihr Blatt mit der beschriebenen Seite nach unten auf einen Stapel in der Mitte des Raumes.

Danach tun Sie sich als Paare (oder Dreiergruppen) zusammen, die sich aus dem Stapel zwei (drei) Arbeitsblätter herausnehmen und sie bearbeiten.

Ziehen Sie in einer Kleingruppe (2-3 Personen) die gleiche Anzahl von fremden ausgefüllten Blättern (zurücklegen oder tauschen, wenn ein eigenes Blatt dabei ist!) und formulieren Sie eine Rückmeldung, die folgende Elemente enthalten soll:

A. echte Anerkennung, karg formuliert und ohne Einschränkungen

B. die Anerkennung des Anliegens

Beispiel: **„Du bist ein Mensch, der sich gerne mit schönen und wertvollen Dingen umgibt. Jetzt überlegst du, wie du dein Konto ins Plus bringen kannst."**

Arbeitsblatt

Das würde ich gerne bei mir selbst ändern:

....

....

....

....

Unsere Rückmeldung: ....

....

....

....

Rückmeldung verfasst von .... und ....

Übung 7 – Arbeitsblatt zum Formulieren positiver Ziele (S)

Ziel: Reframing-Übung zum Formulieren positiv formulierter Ziele

Ziele und Anliegen können dann verfolgt werden, wenn sie positiv formuliert sind: Davon möchte ich mehr, das soll sich verbessern.
Viele Ziele unserer Klient*innen sind aber negativ formuliert. Üben Sie sich darin, das Anliegen der Klient*in positiv zusammenzufassen.

Geben Sie aus Ihren Beratungen 4 typische *negative* Ziele Ihrer Klient-*innen an. Was möchten Ihre Klient*innen *nicht* mehr tun? Was soll in Zukunft *nicht* mehr so sein?

1. ....

2. ....

3. ....

4. ....

Formulieren Sie die Ziele mit Hilfe Ihrer Nachbar*in in positive Ziele um:

1. ....

2. ....

3. ....

4. ....

Übung 8 – Positive Ziele mit ersten Schritten verbinden (S)

Ziel: Übung im Formulieren positiver Ziele, Verbindung mit einem ersten Schritt in die Zielrichtung

Jeder Mensch kann für sich positiv (davon mehr) und negativ (davon weniger) formulierte Ziele nennen. Notieren Sie zwei Ihrer negativ formulierten Ziele.
Wovon möchten Sie in Zukunft weniger tun?
Was möchten Sie in Zukunft nicht mehr tun?
Was soll in Zukunft nicht mehr so sein?

1. ....

....

2. ....

....

Was möchten Sie stattdessen tun?
Wovon möchten Sie mehr?
Was soll in Zukunft wie sein?

Formulieren Sie die beiden oben stehenden Ziele in entsprechende positive Ziele um und nennen Sie erste Schritte auf dem Weg zu diesem Ziel:

1. ....

Ein erster ganz kleiner Schritt in diese Richtung, der leicht fällt und bald getan werden kann:

....

....

2. ....

Ein zweiter kleiner Schritt in diese Richtung, der leicht fällt und bald getan werden kann:

....

Übung 9 – Spaziergang mit Ziel

Ziel: Übung im Formulieren positiver Ziele, persönliches Arbeitsthema für ein Seminar finden
Ausstattung: Moderationskarten

Während des lösungsfokussierten Lernens ist es hilfreich, selbst an einem eigenen Anliegen zu arbeiten und damit verschiedene Beratungs-Stile aus Klient*innen-Sicht kennenzulernen. In dieser Übung, die Anregungen von Schulz von Thuns „Hebammengespräch" aufgreift, werden dazu Ziele für die aktuelle Situation formuliert.

Suchen Sie sich eine Partner*in (ggf. zwei) und gehen Sie gemeinsam einen Spazierweg von 30 Minuten. Nehmen Sie Moderationskarten und Stifte mit. Auf dem Hinweg steht die erste, auf dem Rückweg die zweite Person im Mittelpunkt zum Thema:

1. An welchem Anliegen möchte ich aktuell gerne arbeiten?

2. Wie kann ich dieses Thema in einem positiven Satz formulieren, der beginnt mit: „Ich möchte (...) besser / öfter..." Notieren Sie Ihr Anliegen in einem kurzen Satz auf einer Moderations-Karte.

3. Die Gesprächspartner*in hilft, Klarheit in die Gedanken zu bringen und das Ziel positiv zu formulieren.

4. Nach 15 Minuten (bei Dreiergruppen nach 10 Minuten) wechseln die Gesprächspartner*innen.

Lösungsfokussierte Fragen formulieren

Offene Fragen, die der Klient*in Kompetenzen und Ressourcen unterstellen, sind das wichtigste Werkzeug des lösungsfokussierten Ansatzes.

Unterschiedliche Frageformen führen nämlich zu unterschiedlichen Gesprächs-Verläufen:

Geschlossene Fragen

- sind Fragen, die als Antwort ein Ja / Nein hervorrufen,
- sind typisch für das Arztmodell psychosozialer Arbeit („Haben Sie auch Halsschmerzen?" „Sieht die Schule auch diese Probleme?"),
- lassen die Hauptredezeit bei der Expert*in,
- sind schnell zu beantworten.

Die Expert*in arbeitet mit sehr viel Energie, die Klient*in wird zu sehr kurzen Antworten eingeladen.

Offene Fragen

- beginnen in der Regel mit einem Fragewort, im Deutschen also häufig mit „w", z. B. „wer, wie, mit wem, wann, welche ..."
- sind Fragen, die eine längere Antwort notwendig machen,
- geben der Klient*in etwas mehr Redezeit,
- brauchen mehr Zeit zur Beantwortung.

Expert*in und Klient*in arbeiten mit ähnlich viel Energie, die Klient*in wird zu längeren Antworten eingeladen.

Offene Kompetenz- und Ressourcen-orientierte Fragen

- sind typisch für die lösungsfokussierte Beratung
- sind Fragen, die der Klient*in Kompetenzen und Ressourcen unterstellen und eine lange prozessorientierte Antwort hervorrufen, die durch Nachfragen („Wie noch ...?" „Was noch ...?") noch erweitert werden können,
- geben die Hauptredezeit der Klient*in,
- brauchen viel Zeit und Energie zur Beantwortung.

Das heißt:
Die Expert*in arbeitet aufmerksam, aber mit wenig Energie, die Klient*in leistet „Schwerarbeit", da sie neue Interpretationen und Deutungen schafft.

Es gilt: Je länger die Klient*in zur Beantwortung der Fragen braucht, umso besser: es werden wirklich neue Bedeutungen und veränderte innere Landkarten produziert.

Lesen Sie die dazu die folgenden Beispiele:

Geschlossene Frage	**Offene Frage**	**Ressourcen- / Kompetenzorientierte offene Frage**
„Kommen Sie mit der neuen Familienhelferin zurecht?"	„Wie kommen Sie mit der neuen Familien-helferin zurecht?"	„Was klappt schon gut mit der neuen Familienhelferin?"
„Müssen Sie mit dieser Situation allein klarkommen?"	„Wie werden Sie mit dieser Situation allein klarkommen?"	„Wer könnte Sie in dieser Situation unterstützen?"
„Verstehen Sie sich im Urlaub besser?"	„Wie verstehen Sie sich im Urlaub?"	„Wann war Ihr letzter schöner gemeinsamer Urlaub?" und „Was war da anders als im Alltag?".
„Wollen Sie mit unserer Beratungsstelle zusammenarbeiten?"	„Wie soll eine Zusammenarbeit mit unserer Beratungsstelle aussehen?"	„Wobei könnte eine Zusammenarbeit mit unserer Beratungsstelle gerade jetzt helfen?"
„Kommst du mit dieser schwierigen Familie klar?"	„Wie kommst du mit dieser schwierigen Familie klar?"	„Manche Kolleg*innen finden diese Familie schwierig. An welchen Punkten schaffst du es, dort gut voranzukommen?"

Übung 10 – Lösungsorientierte Fragen konstruieren I (S)

Ziel: Routine im Formulieren lösungsfokussierter Fragen gewinnen

Verwandeln Sie in Zweier- oder Dreiergruppen die folgenden geschlossenen Fragen in (möglicherweise passende) offene kompetenz- und ressourcenorientierte Fragen:

- War dieses Thema interessant für Euch?
- War der Urlaub gut?
- Sind Sie mit Ihrer neuen Wohnung zufrieden?
- Haben Sie schon einmal ähnliche Schwierigkeiten gehabt?
- Wollen Sie nicht mit Ihrem Mann darüber sprechen?
- Helfen Ihnen die Kolleg*innen bei der Einarbeitung?
- Sind Sie zufrieden mit unserer bisherigen Zusammenarbeit?

Übung 11 – Lösungsfokussierte Fragen konstruieren II (S)

Ziel: Routine im Formulieren lösungsfokussierter Fragen gewinnen

Wichtig: Die folgende Übung ist eine reine Trockenübung. Sie berücksichtigt in keiner Weise Kontext, Stil, Auftrag und Ziele der Klient*innen. Sie soll nicht zu mechanistischer Beratung anleiten, sondern lediglich Ihre Formulierungsfertigkeiten stärken!

Formulieren Sie in Zweier- oder Dreiergruppen (möglicherweise passende) lösungsfokussierte, d.h. offene kompetenz- und ressourcenorientierte Fragen für die folgenden Situationen:

Ihre Klient*in fürchtet Streit und Stress zum jährlichen Familien-Weihnachtsfest.

Vorschlag für zwei lösungsfokussierte Fragen: ....

....

Nach einem Streit hat sich Ihr Klient von seiner Freundin getrennt und bereut es jetzt.

Vorschlag: ....

....

Sie leiten eine Team-Sitzung mit dem Thema: Resümee unseres letzten Projektes.

Vorschlag: ....

....

Sie haben eine neue Mitarbeiter*in. Sie besprechen mit ihr die erste Woche auf ihrer Arbeitsstelle.

Vorschlag: ....

....

Wenn Sie fertig sind, formulieren Sie lösungsfokussierte Fragen für eine Arbeitssituation aus Ihrer Kleingruppe.

Situation: ....

Vorschlag: ....

....

Übung 12 – Lösungsfokussierte Fragen konstruieren III

Ziel: Routine im Formulieren lösungsfokussierter Fragen gewinnen

Beschreiben Sie kurz (in 2-3 Sätzen) eine alltägliche, nicht sonderlich problematische Arbeitssituation mit einer Klient*in. Bei Interesse können Sie auch eine private Situation wählen. Legen Sie dann das Blatt verdeckt in der Raum-Mitte ab. Holen Sie es nach der Übung wieder ab und lesen die Anregungen, die Sie erhalten haben!

....

....

....

....

Ziehen Sie in einer Kleingruppe (2-3 Personen) die gleiche Anzahl von ausgefüllten Blättern (eigene Blätter bitte zurückgeben oder tauschen!) und formulieren Sie für die dort von Ihrer Kolleg*in beschriebene Situation lösungsfokussierte Fragen, die vielleicht passen:

....

....

....

....

Fragen verfasst von .... und ....

Übung 13 – Lösungsfokussierte Fragen zur Freude im Alltag (S)

Das Leben ist ein Auf und Ab aus belastenden und freudigen Situationen. Oft sind unsere Klient*innen in einer „Problem-Trance“ befangen und sie haben keinen Blick mehr für die Schönheiten und Freuden des Alltags. Da machen Fragen wie die folgenden Sinn, um die Klientin auch auf freudige und entspannte Situationen hinzuweisen. Es ist möglich, dass sie sich in einer Klagenden-Situation befinden (siehe Kapitel „Schwierige Beratungssituationen). Dann werden die folgenden Fragen keinen Erfolg haben.

Vielleicht nehmen unsere Klient*innen aber auch dankbar unsere Anregungen auf. Die folgenden kompetenz- und ressourcenorientierten Fragen laden die Klient*in dazu ein.

Da diese Fragen auch wunderbar zur Selbstberatung geeignet sind, habe ich sie in der 1. Person formuliert. Passen Sie das für Ihre Klient*innen einfach an.

- Gute Begegnungen, die ich gestern hatte?
- Pflanzen und Natur, die mich erfreut haben?
- Schöne / interessante Begegnungen mit Tieren ...
- Dinge, die geklappt haben: Was war pünktlich (Post, Fahrplan)?
- Was war gut temperiert (Wohnung, Gaststätte)?
- Welches Gerät hat einwandfrei funktioniert und mir damit das Leben leichter gemacht?
- Welche Sendung im Radio / Fernsehen hat mich inspiriert / erheitert?
- Welcher Gruß auf der Straße hat mich erfreut?
- Ein Kauf, der mich erfreut hat?
- Ein Essen, das mir gut geschmeckt hat?
- Ein Kleidungsstück, in dem ich mich wohlfühle?
- Ein Zimmer, in dem ich gerne bin?
- Ein Möbelstück, das ich gerne habe?
- Etwas Verlorenes / Verlegtes, das ich wiedergefunden habe?
- Was hat mich durch seine Sauberkeit erfreut?
- Was hat mich durch seine Bequemlichkeit erfreut?
- Ein schönes Erinnerungsstück, das mich erfreut?
- Ein Körperteil, auf das ich mich stets verlassen kann?
- Ein Anruf, der mich erfreut hat?

Zirkuläre Fragen

Übung 14 – Zirkuläre Fragen einüben I (S)

Ziel: Erfahrungen mit zirkulären Fragen machen
Beraten Sie zu zweit eine Kolleg*in: Teilen Sie sich die Rollen für die kommende Beratung.

Berater*in A beginnt mit dem Gespräch und führt es 10 Minuten lang in freier Form.

Berater*in B führt das Gespräch 10 Minuten weiter, indem sie ausschließlich zirkuläre Fragen stellt.

In der Pause beraten sich die Berater*innen und geben gemeinsam eine Rückmeldung.

Hier folgen Anregungen für erste Versuche mit zirkulären Fragen.

Zirkuläre Übungs-Fragen:

- Wer kennt Sie gut? (Lassen Sie sich den Namen von X. nennen und kurz beschreiben, um wen es sich handelt)
- Was würde X. sagen, dass für Sie anders ist, wenn das Problem nicht mehr besteht? Und was meinen Sie selbst dazu?
- Was würde X. sagen, zu welchen Zeiten das Problem weniger da ist? Und was meinen Sie selbst dazu?
- Was würde X. sagen, was schon geholfen hat? Und was meinen Sie selbst dazu?
- Nehmen wir an, X. wäre jetzt hier und ich könnte sie / ihn fragen, was der nächste Schritt wäre, was würde sie / er dann sagen? Und was meinen Sie selbst dazu?
- Was würde X. sagen, wovon Sie weniger tun sollten? Und was meinen Sie selbst dazu?
- Was würde X. sagen, wovon Sie mehr tun sollten? Und was meinen Sie selbst dazu?
- Wie würde auch X. von einer guten Entwicklung Ihres Anliegens profitieren?

Übung 15 – Zirkuläre Fragen mit Skalierungen verbinden

Ziel: Erfahrungen mit komplexen Frageformen machen

Tun Sie sich zu zweit zusammen (z. B. mit Ihrer Nachbarin) und suchen Sie jede(r) ein kleines eigenes Alltagsanliegen aus (Steuer pünktlich machen, mehr Sport treiben ...).

Stellen Sie sich dann gegenseitig (Wechsel nach 10 Minuten) folgende zirkuläre Fragen mit Skalierungen und besprechen danach Ihre Erfahrungen.

Zirkuläre Übungs-Fragen mit Skalierung:

- Wenn 10 im Hinblick auf Ihr Anliegen dafür steht „Ganz wunderbar, besser geht's nicht" und 0 für das krasse Gegenteil, die schlimmste Zeit mit Ihrem Anliegen, wo ordnen Sie sich heute ein?
- Wenn Sie jetzt an einen guten Freund oder jemand aus Ihrer Familie oder eine vertraute Freundin denken, die Ihr Problem auch kennt, wer fällt Ihnen da ein? Wie heißt er / sie? Woher kennen Sie ihn / sie? Was würde X. sagen, wo Sie auf dieser Skala stehen?
- (Falls X. günstiger einschätzt): Was sieht X., das Sie im Moment nicht sehen?
- (Falls X. ungünstiger einschätzt): Was sehen Sie, das X. im Moment nicht sieht?
- (Falls X. gleich einschätzt): Wie kommt es, dass X. Sie so gut kennt?
- Welchen Wert auf der Skala würde X. für ausreichend halten? ... Und was meinen Sie dazu?
- Nehmen wir an, X. wäre jetzt hier und ich könnte sie / ihn fragen, was Sie auf der Skala einen Schritt höher bringen würde, was würde sie / er raten? ... Und was meinen Sie dazu?

Aufgaben und Experimente gestalten

Sowohl unter allgemein systemischen als auch systemisch-lösungsfokussiert arbeitenden Kolleg*innen wird immer wieder diskutiert, ob es heute noch vertretbar ist, Klient*innen konkrete Anregungen, Aufgaben oder Experimente mitzugeben.

Für mich ist das eine unentscheidbare Frage, denn es gibt gute Gründe für jede dieser Haltungen. Insoo Kim Berg und Steve de Shazer haben uns gelehrt, Aufgaben vorsichtig, als Möglichkeit und als Experiment zu formulieren und auch gegenüber dem, was die Klient*in aus den Experimenten macht, unaufgeregt neutral zu bleiben.

Falls Sie immer oder gelegentlich den Klient*innen Experimente mitgeben wollen, sind vielleicht die folgenden Übungen hilfreich.

Übung 16 – Standardaufgabe zur Beobachtung (S)

Ziel: Aufmerksamkeit der Klient*in auf Gelingendes und erste Schritte zu lenken

Geben Sie Ihrer kollegialen Klientin zum Abschluss einer Beratung folgende Aufgabe mit: „Beobachten Sie bis zum nächsten Mal alles, was Ihnen so gut gefällt, dass Sie es öfter haben wollen!"

Üben Sie auch selbst, indem Sie sich diese Aufgabe für einen wichtigen Bereich selbst stellen! Vielleicht können Sie Ihre Beobachtungen auch aufschreiben?

Übung 17 – Check-Liste für Aufgaben

Formulieren Sie bei Ihren Übungsberatungen zunächst unbefangen Aufgaben und Experimente für Ihre Klient*innen. Überprüfen Sie dann gemeinsam mit Ihren Mit-Berater*innen anhand der folgenden Check-Liste:

1. Ist eine Aufgabe wirklich nötig?

Unternimmt die Klient*in schon genug eigene Anstrengungen, so dass ein „Machen Sie genauso weiter!" reicht? Wenn Aktion günstig ist, ist dann schon der richtige Zeitpunkt gekommen? Falls Sie unsicher sind, können Sie dies in Ihr Experiment einbauen: „Wenn der richtige Zeitpunkt gekommen ist, dann können Sie als Experiment ..."

Ist die Klient*in in der Klagenden-Situation, unschlüssig oder zaghaft? Dann ist eine Standard-Beobachtungsaufgabe besser: „Beobachten Sie bis zum nächsten Mal alles bei (*Bereich des Anliegens*), das Ihnen so gut gefällt, dass Sie es öfter haben wollen und berichten Sie mir dann davon."

2. Kann ich die Aufgabe leichter, kleiner und seltener stellen?

Große Probleme brauchen keine großen Lösungen. Oft reichen kleine Veränderungen aus. Falls Ihrer Klient*in die Aufgabe zu klein und zu leicht ist, wird sie von selbst mehr machen!

Ein Beispiel:

Statt: „Gehen Sie ab morgen jeden Tag nach der Arbeit 45 Minuten joggen." Ist günstiger: „Wir haben ein kleines Experiment für Sie, das nützlich sein könnte: Würfeln Sie einen Tag in der nächsten Woche aus (die 1 steht für Montag, die 6 für Samstag) und an diesem Tag ziehen Sie, wenn Sie nach Hause kommen, ihre Sportschuhe und die Sportkleidung an und beobachten, was passiert."

3. Kann ich die Aufgabe noch mehr an den Stil und bereits erfolgreiche Handlungen der Klient*in anpassen?
Bedenken Sie noch einmal: Was war bisher hilfreich und erfolgreich? Habe ich das berücksichtigt? Habe ich die bevorzugte Lösungsstrategie der Klientin (aktiv werden, sich helfen lassen, abwarten) berücksichtigt? Lässt sich meine Klient*in eher von Glück, Spontaneität und Zufall leiten? Dann passt vielleicht ein Experiment mit Lose-Ziehen oder Würfeln. Plant meine Klient*in gerne? Dann verwende ich auch eine Planungsvariante („Planen Sie einen Tag in der nächsten Woche ..."). Habe ich Zeigefinger-Interventionen („Jetzt soll sie lernen, das einmal anders anzugehen.") vermieden?
Bedenken Sie auch: Was hat auch bisher nicht geholfen? Habe ich solche Lösungen (mehr desselben) vermieden?

4. Habe ich die Aufgabe als „Experiment für Sie, das vielleicht nützlich sein könnte" formuliert?
Nur die Klient*in und das Leben werden darüber entscheiden, ob eine Aufgabe hilfreich war. Betonen Sie die Haltung des Nicht-Wissens und sichern Sie sich eine gute Beziehung zur Klient*in, indem Sie in guter lösungsfokussierter Tradition Ihre Aufgabe einleiten mit:

„Wir haben ein kleines Experiment für Sie, das vielleicht nützlich sein könnte ..."

Übung 18 – Ist eine Aufgabe / ein Experiment wirklich nötig? – Das Splitting Team

Ziel: ein Experiment geben und nicht geben

Oft sind wir nicht sicher, ob unsere Klientin ein Experiment braucht oder nicht. Hier können wir als „Splitting Team" auftreten. Wir geben eine Rückmeldung, die beides umfasst. Wir formulieren ähnlich wie in diesem Beispiel:

„Ich bin nicht sicher, ob hier wirklich eine Aufgabe oder ein Experiment nützlich sind. Einerseits sage ich mir und jetzt auch Ihnen: ‚Machen Sie weiter so. Das ist auf einem guten Weg. Da braucht es keine extra Aufgabe.' Andererseits wünschen Sie sich vielleicht eine Anregung oder ein Experiment von mir. Für diesen Fall hätte ich ein kleines Experiment, das vielleicht nützlich ist: ..."

Setzen Sie bei Ihrer nächsten Beratung (auch der kollegialen) diese Methode der Rückmeldung ein.

Übung 19 – Aufgaben streng konstruieren (S)

Ziel: Erfahrungen mit einem streng strukturierten Leitfaden (wenn, dann ...) machen

In der Geschichte des lösungsfokussierten Ansatzes spielen streng strukturierte Leitfäden eine besondere Rolle. Zu finden sind sie vor allem in einem von de Shazers Standardwerken „Der Dreh", aus dem ich die untenstehenden Leitfäden übernommen habe. Machen Sie in mindestens 2 Beratungsgesprächen die Erfahrung, wie es ist, nach einem solchen strukturierten Modell zu arbeiten und entscheiden Sie dann, was Sie gerne davon übernehmen möchten.

Beraten Sie zu zweit eine Kolleg*in.

Stellen Sie gleich zu Beginn fest, ob es Ausnahmen von der Beschwerde gibt (z. B. mit den Fragen: „Wann zuletzt war es besser?").

Wenn es solche Ausnahmen gibt, beraten Sie weiter nach Modell A.

Wenn es keine Ausnahmen gibt, beraten Sie weiter nach Modell B.

A. Es gibt Ausnahmen zur Beschwerde

1. Lassen Sie sich die Ausnahme in Einzelheiten beschreiben.
2. Was ist anders, wenn die Ausnahme vorkommt?
3 Wie reagieren Menschen aus der Umgebung, wenn die Ausnahme vorkommt?
4. Finden Sie heraus, was funktioniert, oder
5. was funktioniert hat, oder
6. was funktionieren könnte.
7. Geben Sie das Leichteste als Experiment mit.
8. Treten die Ausnahmen zufällig auf, bauen Sie einen Zufallsfaktor in die Aufgabe ein.

9. Treten die Ausnahmen nach Planung auf, lassen Sie die Klient*in planen, wann sie das Experiment durchführen wird.

10. Treten die Ausnahmen durch Hilfestellung von Anderen auf, bauen Sie eine solche Hilfestellung in Ihre Aufgabe ein.

B. Es gibt keine Ausnahmen zur Beschwerde

1. Bitten Sie die Klient*in sich vorzustellen, ein Wunder sei geschehen und ihr Anliegen sei gelöst.
2. Was ist anders, wenn das Wunder geschehen ist?
3. Was gibt Zuversicht, dass sich irgendetwas ändern könnte?
4. Wie reagieren Menschen aus der Umgebung, wenn das Wunder geschehen ist?
5. Erfragen Sie im Detail: Wann (wie) zuletzt sind winzige Teile des Wunders geschehen?
6. Stellen Sie sich eine mögliche Aufgabe als Experiment vor, bei dem
7. sich der Ort des Beschwerdemusters verändert,
8. die Reihenfolge des Beschwerdemusters verändert,
9. die Dauer des Beschwerdemusters verändert,
10. zufällig Anfang und Ende des Beschwerdemusters herbeigeführt wird oder
11. dem Beschwerdemuster ein neues Element oder ein neuer Schritt hinzugefügt wird.

Teufelskreise brauchen ungewöhnliche Experimente

Manchmal geraten Menschen in Teufelskreise, weil ihre Versuche, eine unbefriedigende Situation zu verändern, nichts fruchten. Statt sich anderen Methoden der Lösung zuzuwenden, versuchen manche Klient*innen immer wieder die gleiche ungeeignete Lösung (mehr desselben), so dass am Ende die ungeeigneten Lösungsversuche ein größeres Problem darstellen als die ursprünglich unbefriedigende Situation. Mit diesen Situationen und passenden Interventionen beschäftigt sich die systemisch-strategische Beratung, deren bekanntester Vertreter in Deutschland Paul Watzlawick ist.

Ein Beispiel:

Ein Kind hat einige Schwächen im Englisch-Unterricht in der Schule (= unbefriedigende Situation). Der Vater versucht, die Situation zu verbessern, indem er nach der Arbeit, wenn er müde nach Hause kommt, mit dem Kind Englisch übt, obwohl er keinerlei didaktische Fähigkeiten hat und wegen seiner Müdigkeit ungeduldig und gereizt reagiert. Obwohl keine Verbesserung eintritt, fährt der Vater mit seinen Bemühungen fort und das Verhältnis zum Kind verschlechtert sich.

Wo etwas immer wieder probiert wird und keinen Erfolg hat, lautet die lösungsfokussierte Grundregel 3: „Wenn etwas öfter nicht klappt, lass es sein. Tu etwas wirklich Anderes!" Wichtig ist, dass dieses „Andere" tatsächlich anders ist und nicht ein „Mehr desselben".

Übung 20 – Sand ins Getriebe von Teufelskreisen

Hier macht Lösungsfokussierung Anleihen bei den Methoden der strategischen Therapie, weshalb ich hier nur wenige Anregungen gebe.
Als Meister des beraterischen und therapeutischen Umgangs mit solchen Teufelskreisen haben bereits in den 70er-Jahren Paul Watzlawick, Richard Fisch und John H. Weakland in ihrem Buch „Lösungen“ mögliche Aufgaben und Experimente für die Klient*in beschrieben, die oft eine der folgenden Möglichkeiten aufzeigen:

- Rolle, Verhalten, Charakteristika der Kommunikations-Partner*in übernehmen
- Bei unentscheidbaren Fragen: Beides tun (vielleicht nicht gleichzeitig, sondern hintereinander)
- Bei schwierigen Teufelskreisen: ein kleines, aber wichtiges Detail verändern
- Die bisherigen Lösungsversuche ersatzlos streichen
- Das Los entscheiden lassen, wie weiter vorgegangen wird
- Befreien („Stellen Sie sich vor, Sie hätten nichts zu verlieren ...“ / „Stellen Sie sich vor, Sie haben nur noch 2 Monate auf der Erde und ziehen dann auf den Mars. Was würden Sie in den zwei Monaten tun?“)

Unterstützen Sie Ihre Klient*in dabei, ganz neue Wege zu beschreiten, grundlegend andere Dinge zu tun und Dinge zu lassen, die sich nicht bewährt haben, die Rolle zu wechseln und sich versuchsweise von Zwängen zu befreien. Aber: Bedenken Sie, wie schwierig es ist, Gewohnheiten zu ändern. Tipp: Versuchen Sie selbst einmal, eine kleine Gewohnheit zu verändern (Treppe statt Aufzug, mittwochs nur alkoholfrei, täglich Gymnastik)! Das wird Sie bescheiden machen! Deshalb sollen solche Experimente selten, klein und machbar sein.

Übung 21 – Aus schwarz oder weiß wird kariert – hilfreiche Experimente bei hochgesteckten Zielen (S)

Manche Klient*innen sind sehr streng mit sich. Sie haben hochgesteckte Ziele, was sich alles in ihrem Leben verändern soll. In der Beratung wird deutlich, dass sie sich sozusagen zwischen zwei Welten bewegen:

- einem weißen Leben, ihrem Ideal, gekennzeichnet von Schönheit, Erfolg, Disziplin und Freundlichkeit. Im „weißen Leben" wacht die Klient*in beispielsweise gesund und ausgeruht auf, geht frisch und strahlend zur Arbeit, die sie kompetent, erfolgreich und freundlich erledigt, geht einem anspruchsvollen Hobby nach, treibt einen gesunden Sport, hat wunderbare Beziehungen, eine geschmackvolle Wohnung, isst gesunde Dinge, hat eine schöne Partnerschaft, eine wunderbare Familie und stirbt schließlich gesund.

- einem schwarzen Leben, das die Schattenseite darstellt. Hier lebt die Klient*in ungesund, kommt spät und schlecht gelaunt zur Arbeit, der sie ohne rechten Erfolg nachgeht. Sie verbringt ihre Zeit mit Büroklatsch, isst Fast Food und Süßigkeiten, trinkt und raucht zu viel, verbringt ihre Freizeit vor dem Fernseher, hat Schwierigkeiten mit ihrer Partnerschaft und Familie und mag sich selbst nicht.

Bei so hochgesteckten Erwartungen verwundert es nicht, dass die Klient*in letztlich zögert, den Weg in das eher langweilige und disziplinierte weiße Leben ernsthaft zu beschreiten. Nach dem Vorbild der Ordeal Therapy von Milton Erickson können Sie einen Ausweg wählen, der der Klient*in die mit dieser Situation verbundenen Selbstvorwürfe und Schuldgefühle nehmen kann.

Dazu ein Beispiel:
Eine Studentin beklagt, dass sie in ihrer Wohnung nicht putzt und fast nicht mehr durch ihre Fenster sehen kann.
Gleichzeitig beklagt sie, dass sie zu viel raucht und möchte am liebsten mit dem Rauchen aufhören.

Unser Experiment für sie:
„Wir haben ein kleines Experiment für Sie, das vielleicht nützlich ist. Probieren Sie es an einem der nächsten Tage aus.
Zunächst: Hören Sie auf keinen Fall zu plötzlich mit dem Rauchen auf. Stellen Sie sich stattdessen einen Eimer mit Wasser und das Material zum Fensterputzen bereit. Wann immer Sie Lust bekommen, in der Wohnung eine Zigarette zu rauchen (auch abends oder nachts), tun Sie es, aber nehmen Sie vorher ihre Putzsachen und putzen einen Fensterflügel, auf keinen Fall mehr und beobachten Sie, was geschieht!"

Wenn die Klient*in die Disziplin aufbringt, dieses Experiment zu erproben, kann sie nur gewinnen: Entweder bleibt sie starke Raucherin, aber sitzt schließlich in einer saubereren Wohnung oder die Wohnung bleibt schmutzig, aber sie raucht dort nicht.

Eine andere Klient*in, die häufiger auf ihren Heimtrainer wollte und weniger Zeit vor Serien im Fernsehen verbringen wollte, durfte laut Experiment ihrer Gruppe nur auf ihren Heimtrainer, wenn sie gleichzeitig eine Serie ansah.

Wenn die Disziplin Ihrer Klient*in für dieses Experiment ausreicht, kann sie nur gewinnen.

Konkret:

Gestalten Sie eine Aufgabe, die ein Teil des „schwarzen" Lebens mit einem Teil des „weißen" Lebens verbindet.

Übung 22 – Leitlinien für Experimente in Folgesitzungen

Ziel: Akzeptanz und Gelassenheit gegenüber dem Umgang der Klientin mit Aufgaben und Experimenten gewinnen

In der lösungsfokussierten Beratung entscheidet die Klient*in darüber, ob und wie sie mit den vorgeschlagenen Experimenten umgeht. Von Steve de Shazer und Insoo Kim Berg haben wir gelernt, uns bei den weiteren Rückmeldungen und Experimenten von der Klient*in leiten zu lassen. Das könnte so aussehen:

- Die Klient*in hat das Experiment wörtlich und genau ausprobiert – die Berater*in formuliert ebenfalls genau ein neues Experiment, das vielleicht hilfreich ist.
- Die Klient*in hat das Experiment vage ausprobiert – die Berater*in formuliert ein neues Experiment bewusst vage.
- Die Klient*in hat das Experiment vergessen – die Berater*in erwähnt das Experiment ebenfalls nicht und formuliert auch kein neues.
- Die Klient*in hat nicht das Experiment durchgeführt, sondern etwas anderes gemacht – die Berater*in formuliert ein neues Experiment mit dem Zusatz: „Oder machen Sie etwas anderes."
- Die Klient*in hat das Gegenteil des Experimentes durchgeführt – die Berater*in formuliert zwei Experimente, zwischen denen die Klient*in wählen kann – Experiment A ist dabei das Gegenteil von Experiment B.
- Die Klient*in hat das Experiment durchgeführt, aber beklagt das Ergebnis (schlimmer, hat nichts gebracht ...) – die Berater*in formuliert ein neues Experiment, aber

bereitet darauf vor, dass es durchaus schlimmer werden kann oder sich nichts verändert.

- Die Klient*in hat das Experiment nicht durchgeführt, aber fordert ein neues Experiment – die Berater*in äußert Ratlosigkeit und bittet die Klient*in, mitzuhelfen ein Experiment zu gestalten.

Weitere systemisch-lösungsfokussierte Bausteine

Die folgenden kleinen Bausteine können universell eingesetzt werden. Sie sind nicht notwendig an eine komplett lösungsfokussierte Beratung gebunden, sondern können durch ihre systemisch-lösungsfokussierte Grundhaltung jede Form der Beratung bereichern, die mit dem humanistischen und / oder systemischen Menschenbild übereinstimmt.

Übung 23 – Zirkuläre Fragen zu fiktiven Personen (S)

Ziel: Bereicherung durch neue Perspektiven erfahren, Ressourcen aus Büchern und Filmen nutzen

An einer passenden Stelle der Beratung kann dieser Baustein hilfreich und interessant sein:

„Welche Figur in einem Roman, einem Film oder einer Soap bewunderst du oder welche erfreut dich?" (Gerne Einzelheiten erfragen!)

„Wie würde diese Person sich in deiner Situation wohl verhalten?"

„Welche Fähigkeit müsstest du entwickeln, um das auch zu können?"

„Und was meinst du dazu? Wie würde das zu dir passen?"

„Welchen (vielleicht kleinen) Teil davon würdest du übernehmen?"

„Wenn du für 5 Minuten in die Rolle dieser Person schlüpfst, wie anders sitzt oder stehst du dann hier im Raum?"

„Wann könntest du dieses Verhalten einmal für eine Stunde ausprobieren? Was meinst du?"

Übung 24 – Zirkuläre Fragen zu erinnerten Personen (S)

Ziel: Bereicherung durch neue Perspektiven erfahren, Ressourcen aus der Vergangenheit nutzen

An einer passenden Stelle der Beratung kann dieser Baustein hilfreich und interessant sein:

„Wer hat dich als Kind gut gekannt und gemocht?" (Gerne Einzelheiten erfragen!)

„Was würde er / sie raten, wenn er / sie hier wäre?"

„Und was meinst du dazu? Wie würde das zu dir passen?"

„Was davon könntest du vielleicht einmal ausprobieren?"

Übung 25 – Zirkuläre Fragen zu erinnerten Personen

Ziel: Bereicherung durch neue Perspektiven erfahren, Ressourcen aus der Vergangenheit nutzen

An einer passenden Stelle der Beratung kann dieser Baustein hilfreich und interessant sein:

„Wer hat dich als Kind gut gekannt und gemocht?" (Gerne Einzelheiten erfragen!)

„Was würde er / sie raten, wenn er / sie hier wäre?"

„Und was meinst du dazu? Wie würde das zu dir passen?"

„Was davon könntest du vielleicht einmal ausprobieren?"

Übung 26 – Zirkuläre Fragen zu magischen und wundertätigen Figuren (S)

Ziel: Bereicherung durch neue Perspektiven erfahren, Wünsche an das Leben formulieren

An einer passenden Stelle der Beratung kann dieser Baustein hilfreich und interessant sein:

„Wenn jetzt ein wundertätiger Engel / ein Tier, das zaubern kann / eine Fee kommen würde, was für ein Zauberwesen wäre das?" (Gerne Einzelheiten erfragen!)

„Wenn dieses Zauberwesen hier alles für dich zum Guten wenden kann, was wird sie / es dann als Erstes tun?"

„Und was meinst du dazu? Wie würde das zu dir passen?"

„Was davon könntest du vielleicht einmal ausprobieren?"

Übung 27 – Zirkuläre Fragen und Zeitreise zum jugendlichen Ich (S)

Ziel: Bereicherung und Anregung durch neue Perspektiven erfahren

Wenn die Klient*in eher niedergedrückt und antriebslos ist und wenig Möglichkeiten in der aktuellen Situation sieht, kann dieser Baustein hilfreich und interessant sein:

„Weißt du noch, wie du mit 15 warst? Was für ein junger Mensch warst du? Was war dir wichtig?“ (Gerne Einzelheiten erfragen!)

„Wenn jetzt diese junge Person, dein jüngeres Ich hier wäre und hätte zugehört, was würde dein jüngeres Ich dir auf jeden Fall raten?“ „Und was meinst du dazu?“

„An welcher Stelle wäre es vielleicht nützlich, auf dein jüngeres Ich zu hören?“

„Und wo noch?“

Übung 28 – Zirkuläre Fragen und Zeitreise zum weisen alten Ich (S)

Ziel: Bereicherung und Anregung durch neue Perspektiven erfahren

Wenn die Klient*in eher sehr aktiv ist und viel Energie in die aktuelle Situation investiert, kann dieser Baustein hilfreich und interessant sein:

„Stelle dir die weise alte Person vor, die du einmal sein wirst. Wie alt wirst du dann sein?“ (Gerne Einzelheiten erfragen!)

„Wenn jetzt diese weise alte Person, dein älteres Ich hier wäre und hätte zugehört, was würde die weise alte Person dir auf jeden Fall raten?“ „Und was meinst du dazu?“

„An welcher Stelle wäre es vielleicht nützlich, auf die weise alte Person zu hören?“

„Und wo noch?“

Übung 29 – Zirkuläre Fragen zu Personen im sozialen Umfeld (S)

Ziel: neue Perspektiven aus dem aktuellen Umfeld erfahren

Die Einleitung sieht bei jeder der folgenden nützlichen und interessanten zirkulären Fragen immer recht ähnlich aus:

„Wer kennt Sie / dich gut?“ (Lassen Sie sich den Namen von X. nennen und kurz beschreiben, um wen es sich handelt)
Dann können in beliebiger Reihenfolge einer oder mehrere diese nützlichen Aspekte erfragt werden:

„Was würde X. sagen, das für Sie anders ist, wenn das Problem nicht mehr besteht? Und was meinen Sie selbst dazu?“
„Was würde X. sagen, zu welchen Zeiten das Problem weniger da ist? Und was meinen Sie selbst dazu?“
„Was würde X. sagen, was schon geholfen hat? Und was meinen Sie selbst dazu?“
„Nehmen wir an, X. wäre jetzt hier und ich könnte sie / ihn fragen, was der nächste Schritt wäre, was würde sie / er dann sagen? Und was meinen Sie selbst dazu?“
„Was würde X. sagen, wovon Sie weniger tun sollten? Und was meinen Sie selbst dazu?“
„Was würde X. sagen, wovon Sie mehr tun sollten? Und was meinen Sie selbst dazu?“
„Wie würde auch X. von einer guten Entwicklung Ihres Anliegens profitieren?“

„Was haben Ihnen Freunde und Freundinnen, Kolleg*innen und Verwandte schon geraten?“ „ – und was meinen Sie dazu?“

Übung 30 – Kleines Lob für ungeliebte Personen (S)

Ziel: ungeliebte Personen differenzierter sehen, weg vom Schwarz-Weiß-Denken

Die folgende Übung kann als kleine Beratungsschleife eingebracht werden, wenn die unangenehme oder ungeliebte Person (Verwandte, Kolleg*in, Nachbar*in) uns in schwarzen Farben geschildert wird und das Denken der Klient*in beherrscht.

Die besten Erfahrungen machen wir, wenn die Minus-Skala eingesetzt wird:

„Denken Sie einmal an die allerschlimmste (Kollegin, Partner*in, Nachbar*in), die Sie jemals erlebt haben oder die Sie sich vorstellen können. Diese Person sei Minus 10. Und 0 stünde für eine unauffällige Person, die Sie nicht stört. Wo ordnen Sie heute Ihre (Kollegin, Partner*in, Nachbar*in) ein? Eher -7 oder -5?“

„Was müsste diese (Kollegin, Partner*in, Nachbar*in) machen, um die Situation noch schlechter zu machen, um also auf -10 zu kommen?“ „Was noch?“ „Was noch?“

Übung 31 – Zuversicht aufbauen für die Beratung hier und heute (S)

Ziel: Zuversicht aufbauen und festigen für die aktuelle Beratung

Mit den folgenden Fragen kann die Zuversicht für den aktuellen Beratungsprozess erfragt und gestärkt werden bzw. fehlende Zuversicht, ein ungünstiger Zeitpunkt und Hindernisse für die Beratung thematisiert und besprochen werden.

„Was macht das jetzt zu einem guten Zeitpunkt für die Beratung?“

„Was macht das jetzt zu einem richtigen Zeitpunkt für eine Veränderung?“

„Veränderungen sind nicht immer leicht. Was sagt Ihnen, dass Sie gerade jetzt Kraft, Zeit und Energie dafür haben?“

„Was meinen Sie, wie gerade ich jetzt vielleicht hilfreich sein kann?“

„Was gibt Ihnen Zutrauen für Ihre Wünsche und Anliegen?“

„Was sind Ihre besten Hoffnungen?“

„Was sind Ihre besten Hoffnungen für die Beratung heute?“

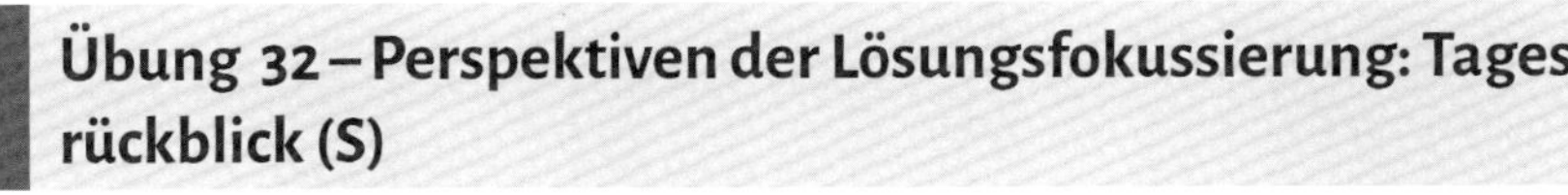

Übung 32 – Perspektiven der Lösungsfokussierung: Tagesrückblick (S)

Ziel: am Abend den heutigen, am Morgen den gestrigen Tag ressourcenorientiert betrachten
Ausstattung: evtl. Liste für die schriftliche Beantwortung zuhause

Ohne spezielles Anliegen und ohne spezielle Fragestellung kann ein Rückblick auf den heutigen oder gestrigen Tag die Philosophie und Praxis der Lösungsfokussierung näher bringen.

Stellen Sie in beliebiger Reihenfolge die folgenden Fragen schriftlich oder mündlich:

„Wo und wann hast du heute (gestern) Glück gehabt?"

....

....

....

....

„Wer hat dich heute (gestern) unterstützt / dir geholfen?"

....

....

....

....

„Welche Schwierigkeit hast du heute (gestern) gut überstanden? Und wie?"

....

....

....

....

„Nenne einen interessanten Menschen, den du heute (gestern) getroffen oder auch nur gesehen hast."

....

....

....

....

„Welche halbe Stunde heute (gestern) war so gut, dass du sie gerne öfter hättest?"

....

....

....

....

„Was hast du heute (gestern) Neues gelernt / geübt / erfahren?"

....

....

....

....

„Wie hast du dich heute (gestern) ausruhen / zur Ruhe kommen können?"

....

....

....

....

„Was vom Tag heute (gestern) willst du in den morgigen (heutigen) Tag mitnehmen?"

....

....

....

....

Übung 33 – Kontext einer Beratung (S)

Ziel: in einem Rollenspiel die Klient*in über den Kontext der Beratung aufklären
Ausstattung: Arbeitsblatt und leeres Formblatt

Die meisten der Übungen in diesem Buch starten sofort mit dem Beratungsanliegen. Beratung umfasst jedoch auch notwendige Kontext-Informationen für die Klient*in: Informationen zum Zeitrahmen, zur Rolle der Berater*in und zur Vertraulichkeit. Was braucht die Klientin noch für das Gespräch? Wie vermittele ich, dass ich eventuell weiterverweisen möchte, weil andere Expert*innen besser helfen?

Lesen Sie in Ihrer Gruppe zunächst die folgenden Gesprächsbausteine und Beispiele. Nehmen Sie dann den Bogen ohne Gesprächsbeispiele und üben Sie in einem Rollenspiel mehrmals speziell für Ihre Beratungspraxis die Begrüßung und Verabschiedung der Klient*in. Bauen Sie bewusst auch Beratungsanliegen ein, die Sie ablehnen wollen. Spielen Sie zum Schluss die Sequenz einer kollegialen Gruppe vor (bei Selbstberatung: 1-2 Freund*innen) und holen sich ein Feedback und Verbesserungsvorschläge.

Üben Sie in der Selbstberatung vor einem Spiegel und erbitten sich später eine Rückmeldung bei einer Freundin, der Sie das Rollenspiel zeigen.

Schritte	Beispiele für Formulierungen
Begrüßung	„Guten Tag, Herr Gelb."
Eigene Vorstellung (Name/Rolle)	„Ich bin Frau Grün. Ich arbeite hier als Sozialpädagogin."
Kurze Information über die Beratung (Aufgabe)	„Wir beraten Angehörige von Patienten und Patientinnen."
Information über Vertraulichkeit und Zeitrahmen.	„Alles, was wir hier besprechen, bleibt vertraulich. Für unser Erstgespräch haben wir bis zu 40 Minuten Zeit."
Vergewisserung: Können äußere Bedingungen verbessert werden?	„Ist es Ihnen hier zu warm, kalt?" „Soll ich ein Fenster öffnen/schließen?" „Möchten Sie ...?"
Anliegen	„Was möchten Sie mit mir besprechen?"
Problemklärung	„Und wie genau ist das ein Problem für Sie?" „Was genau daran ist besonders schwierig?" „Was befürchten Sie für den Fall, dass sich nichts tut?"
Innere Abklärung: Bin ich für diese Beratung zuständig? Will ich sie übernehmen? Gibt es kompetentere Fachdienste? Wie sieht mein Zeitrahmen aus?	
Wenn nein: Kontaktvermittlung zu anderen Stellen	„Für Ihre Angelegenheit gibt es kompetente Spezialdienste. Die sind zu diesem Thema viel sachkundiger als wir. Dahin möchte ich Sie weiterschicken." „Wir haben eine sehr kompetente Kolleg*in in der Fachberatung für..., zu der ich Sie gerne schicken möchte."
Wenn ja: Auftragsklärung für heute	„Was kann heute hier geschehen, damit Sie sich sagen: Es hat sich gelohnt, dass ich hierher gekommen bin?"

Es folgt ein inhaltliches Beratungsgespräch	
Ausblick (Wie kann es weitergehen?)	„Rufen Sie gerne die Zentrale an, wenn Sie ein weiteres Gespräch mit mir wünschen. Sie erhalten dann bald einen neuen Termin." Oder: „Wollen wir heute schon einen neuen Termin vereinbaren?"
Abschied	„Auf Wiedersehen, Herr Gelb!"

Hier ist der Platz für Ihre eigenen Formulierungen, passend zu Ihrer Beratungsarbeit:

Schritte	**Beispiele für Formulierungen**
Begrüßung	
Eigene Vorstellung (Name/Rolle)	
Kurze Information über die Beratung (Aufgabe)	
Information über Vertraulichkeit und Zeitrahmen	
Vergewisserung: Können äußere Bedingungen verbessert werden?	
Anliegen	
Problemklärung	

Innere Abklärung: Bin ich für diese Beratung zuständig? Will ich sie übernehmen? Gibt es kompetentere Fachdienste? Wie sieht mein Zeitrahmen aus?	
Wenn nein: Kontaktvermittlung zu anderen Stellen	
Wenn ja: Auftragsklärung für heute	
Es folgt ein inhaltliches Beratungsgespräch	
Ausblick (Wie kann es weitergehen?)	
Abschied	

Übung 34 – Lösungsfokussierte Dreier-Schritte

Ziel: Kleine interessante Beratungsschleifen als Lockerung ins Gespräch einbringen

Hilfreiche Elemente in der lösungsfokussierten Beratung sind kleine Frageschleifen, die in Gespräche eingestreut werden können. Sie lassen die Hauptredezeit bei der Klient*in, lockern festgefahrene (Gesprächs-)Situationen und bringen neue Perspektiven. Sie sind auch eine gute Gelegenheit, erste Schritte in der systemisch-lösungsfokussierten Beratung in Ihre übliche Beratungspraxis einzubauen.

Hier einige Beispiele:

1. „Was ist dein nächster kleiner Schritt?"
2. „Wer kann dir dabei helfen?"
3. „Woran wirst du erkennen, dass der richtige Zeitpunkt dafür gekommen ist?"

1. „Wer kennt dich gut?"
2. „Was würde diese Person dir raten?"
3. „Was davon könntest du annehmen? / Was meinst du dazu?"

1. „Welche Umstände haben dir bisher in dieser Angelegenheit geholfen?"
2. „Welche Person hat dir bisher in dieser Angelegenheit geholfen?
3. „Welche eigene Aktivität war bisher hilfreich?

1. „Wann zuletzt war es mit Ihrem Anliegen einmal besser?"
2. „Was war da anders?"
3. „Was würde helfen diese Zeit zurückzubekommen?"

1. „Wie würde Ihr Umfeld / Ihre Freunde / Ihre Familie reagieren, wenn es besser wird?"
2. „Wer von diesen Menschen traut Ihnen am ehesten eine Verbesserung der Situation zu?"
3. „Was sieht diese Person bei Ihnen?"

1. „Wenn Sie an meiner Stelle die Beraterin wären, was würdest Sie sich selbst für einen Rat geben?"
2. „Wie könnte man das noch kleiner oder leichter machen?"
3. „Was davon würden Sie befolgen und was nicht?"

1. „Wie hast du ähnliche Situationen schon einmal hinbekommen / zu einem guten Ende gebracht?"
2. „Wer / Was hat damals geholfen?"
3. „Was hättest du dir sparen können?"

1. „Was hat dich bewegt, etwas zu verändern?"
2. „Und was noch?"
3. „Was davon ist dir am wichtigsten?"

Übung 35 – Die rebellische Jugendliche – Vom Nutzen der Vergangenheit (S)

Ziel: Ressourcen der Jugend nutzbar machen

Jeder Mensch hatte in seiner Jugend bestimmte Qualitäten. Wo der eine Mensch als Jugendliche*r vorsichtig und zurückhaltend war, war eine andere Person vielleicht rebellisch und unangepasst. Eines haben aber alle Jugendlichen gemeinsam: Sie sind in Schule und Elternhaus äußerem Druck ausgesetzt, haben weniger eigene Ressourcen (wie Wohnung, Geld, freie Jahres-Zeiteinteilung) und haben in der Regel klare Vorstellungen davon, wie sie sich entfalten möchten, wenn sie erst einmal über Freiheit und Ressourcen verfügen können. Gleichzeitig haben sie ein hohes Gerechtigkeitsempfinden, sind idealistisch und voller Ideen.

Dieser Gesprächsbaustein kann an passender Stelle ins lösungsfokussierte Gespräch eingeführt werden, wenn wir den Eindruck gewinnen, dass unsere Klient*in ihre Ressourcen nicht wertschätzt und durch die erfrischende und sorglosere, engagierte oder freundlichere Sichtweise ihrer Jugend bereichert werden könnte, die vielleicht verlorengegangen ist.

Die Erinnerungen an die Hoffnungen und Pläne der Jugend stellen eine machtvolle neue Perspektive auf die heutige Situation dar.

Folgende Bausteine können frei im Gespräch eingeführt werden:

1. „Stellen Sie sich vor, wie Sie mit 14 (16, 18) Jahren waren. Was haben Sie damals gemacht und was waren Sie für ein Mensch?"

2. „Was haben Sie sich besonders vom Leben erhofft?"

3. „Wie wollten Sie gerne werden und wie wollten Sie auf keinen Fall werden?" „Wo haben Sie sich vielleicht vorgenommen: So werde ich nie!"

4. „Stellen Sie sich vor, wir können die 16-Jährige, die Sie einmal waren, hier einladen (holen Sie einen weiteren Stuhl dazu und stellen Sie ihn zu sich, so dass sich ein Kreis bildet). Was würde sie zu Ihrer heutigen Situation sagen?"

5. „Welche Punkte in Ihrem heutigen Leben würden sie begeistern und welche Dinge würde sie eher kritisch sehen?" „Und was meinen Sie aus heutiger Sicht dazu?"

6. „Was würde die 16-Jährige Ihnen raten?" „Und was meinen Sie dazu?"

7. „An welchen Punkten könnte es nützlich sein, etwas mehr auf die Jugendliche in Ihnen zu hören?"

8. „Was könnte eine gute Gelegenheit sein, sie in den nächsten Tagen etwas mehr zu Wort kommen zu lassen? Wo darf sie Ihnen einmal über die Schulter sehen?"

Übung 36 – Die weise Alte – Vom Nutzen der Zukunft (S)

Ziel: Ressourcen der Zukunft schon heute nutzbar machen

Jeder Mensch erhofft sich auch für sein Alter bestimmte Qualitäten. In der Regel erwarten die Menschen, gelassener und weiser auf ein geglücktes Leben zurückblicken zu können, dass sie integer und an ihren Werten orientiert geführt haben.

Die Sicht der weisen älteren Person ist immer dann sehr hilfreich, wenn wir den Eindruck haben, dass unsere Klient*in sich in der Alltagshektik verliert und sie von einer gelassenen Haltung profitieren könnte.

Folgende Bausteine können frei im Gespräch eingeführt werden:

1. „Stellen Sie sich vor, Sie sind ein weiser alter Mensch. Wie alt werden Sie dann wohl sein?" (Antwort abwarten) „Was haben Sie dann erreicht und wie leben Sie vielleicht?"

2. „Wie möchten Sie gerne sein als weiser älterer Mensch – was haben Sie sich vorgenommen? Und wie möchten Sie vielleicht nicht gerne sein?"

3. „Stellen Sie sich vor, wir können diese weise alte Frau, die Sie einmal sein werden, hierher einladen (holen Sie einen weiteren Stuhl dazu und stellen Sie ihn zu sich, so dass sich ein Kreis bildet). Was würde sie zu Ihrer heutigen Situation sagen?"

5. „Welche Dinge würden ihr gefallen und welche Dinge würde sie eher kritisch sehen?" „Und was meinen Sie dazu?"

6. „Was würde sie Ihnen raten?" „Und was meinen Sie dazu?"

7. „An welchen Punkten könnte es nützlich sein, etwas mehr auf die weise Alte in Ihnen zu hören?"

8. „Was könnte eine gute Gelegenheit sein, sie in den nächsten Tagen etwas mehr zu Wort kommen zu lassen? Wo darf sie Ihnen einmal über die Schulter sehen?"

Übung 37 – Vorhersagelisten führen (S)

Ziel: Aspekte des Anliegens unter die eigene Kontrolle bringen
Ausstattung: vielleicht schon vorbereitete Vorhersage-Blanco-Listen

Vorhersageaufgaben sind ein wirkungsvolles Instrument lösungsfokussierter Beratung und erweitern unsere Perspektiven. Statt ohnmächtig darauf zu warten, was der nächste Tag beschert, werden wir als Expert*innen für unsere Situation herausgefordert. Bei der Autorin selbst wurde durch Vorhersagelisten deutlich, dass nach einem sehr disziplinierten Arbeitstag immer ein fauler Tag mit wenig Produktivität folgte. Statt mir weiter grübelnd Vorwürfe zu machen, plante ich nach intensiven Arbeitstagen nun wirklich schöne Erholungspausen. Kurz: Um sie angemessen einsetzen zu können, sollten wir einmal selbst die Erfahrung einer solchen Vorhersage-Liste machen.

Besprechen Sie in Ihrer Kleingruppe oder mit einer Klient*in, wo jede(r) von Ihnen einen Bereich hat, der „immer" unbefriedigend oder „nie" zufriedenstellend ist. Das kann die eigene Unsportlichkeit oder die nörgelnde Schwiegermutter sein. Legen Sie für sich persönlich gemeinsam mit der Gruppe fest, wofür die 10 und wofür die 0 steht.

Ein Beispiel:

0 steht für: kein freundliches Wort zu den Kindern
10 steht für: eine ganze Stunde am Tag entspannt und freundlich mit den Kindern verbracht

Machen Sie jeden Abend auf der untenstehenden Liste eine Vorhersage, indem Sie einen Wert für den nächsten Tag erraten / schätzen und eintragen. Tragen Sie am Abend vor der neuen Vorhersage den Wert für das tatsächliche Tagesgeschehen ein. Besprechen Sie die Liste bei Ihrem nächsten Treffen!

Di	Mi	Do	Fr	Sa	So	Mo
*						
**						
Di	Mi	Do	Fr	Sa	So	Mo
*						
**						

* = Vorhersage ** = tatsächliches Tagesgeschehen

Übung 38 – Der Preis – Commitment erzeugen – der nächste Schritt

Ziel: Schwierigkeit von Veränderung verdeutlichen und Commitment erzeugen
Ausstattung: für den zweiten Schritt Papier und Stifte

Jede Veränderung ist auch schwierig. Es ist oft nützlich, dies der Klient*in gegenüber zu betonen, um auf Rückschläge vorzubereiten und auch, um Commitment zu erzeugen.

Eine Gesprächsschleife dazu könnte so aussehen:
„Was kann ein nächster guter Schritt in die gewünschte Richtung sein? Das muss kein ‚Tun' sein, sondern der nächste Schritt kann durchaus auch aus einem ‚Lassen' bestehen."
„Nun hat jeder Schritt auch seinen Preis, seine Kosten, sei es eine Anstrengung oder das Aushalten des Nichts-Tuns. Welcher Preis wird das sein?"
„Was wird Ihnen helfen, diesen Preis zu zahlen? Ist schon der richtige Zeitpunkt dafür da, dies auf sich zu nehmen?"
„Vielleicht können Sie den nächsten Schritt auf einem Bild zeichnen? Und dann den Preis, den der Schritt kosten wird, mit ins Bild zu zeichnen."
„Und können Sie dann das, was Ihnen helfen wird, den Preis anzunehmen, die Anstrengung zu unternehmen, dazu zeichnen, vielleicht in Gestalt einer inneren Fee?"

Komplexe Gesprächs-situationen einüben

Viele Praktiker*innen profitieren von Leitfäden, die sie sich vorgeben, während andere auf ihre Intuition und Erfahrung bauen und ausschließlich die konkrete Gesprächssituation den weiteren Ablauf bestimmen lassen.

Beim Einüben lösungsfokussierter Gespräche haben sich Leitfäden im Training bewährt, um exemplarisch als Beraterin sowie als Beratene in der Selbsterfahrung systematisch verschiedene Beratungsbausteine zu erproben.

Übung 39 – Wunder auf der Arbeit (S)

Ziel: Erste Erfahrungen mit einem vollständigen lösungsfokussierten Gespräch
Ausstattung: Arbeitsblatt

Das „Wunder auf der Arbeit" ist ein Gesprächsablauf, der ohne konkretes Anliegen auskommt, sondern nur eine Übung in einem kompletten lösungsfokussierten Gespräch darstellt. Deshalb ist dies aus Sicht aller Beteiligten eine wunderbare Übung in lösungsfokussiertem Erfahrungslernen: Als Fragende erfahre ich, wie meine Gesprächspartner*innen auf die (ungewohnten) lösungsfokussierten Fragen reagieren.
Als Befragte erfahre ich die spezielle Dynamik lösungsfokussierter Fragen und erlebe, wie ich meine Erfahrungen neu durcharbeite und akzentuiere.

Mit einem Kunstgriff wird in diesem Gesprächsleitfaden eine kleine lösungsfokussierte Beratung ohne Anliegen durchgeführt. Es wird nämlich ein universales Anliegen angenommen, das die meisten Menschen mit ihrer Arbeitsstelle verbinden: Sie möchten sich mit ihrer Arbeit wohlfühlen.
Diese Übung ist günstig zum Seminareinstieg: Jede Seminarteilnehmer*in stellt sich über die speziellen Ressourcen ihrer Arbeit vor.
In neuen Seminargruppen ist diese Übung besonders fruchtbar und nützlich, wenn die Gruppe bereits vorbereitende Übungen zu echtem Lob und Reframing gemacht hat. Wo weniger Zeit ist, kann die Übung aber auch ohne solche Vorbereitungen durchgeführt werden.

Und hier die Arbeitsanweisung:

Arbeitsblatt – Wunder auf der Arbeit

In einer Dreiergruppe steht jeweils eine Person mit ihrem Arbeitsalltag für 30 Minuten im Mittelpunkt. In Zweiergruppen beraten Sie sich abwechselnd. Wo keine Seminargruppe vorhanden ist, können Sie das Gespräch mit einem Freund / einer Freundin führen. Führen Sie ein erstes lösungsfokussiertes Gespräch, indem Sie sich für den Anfang bitte wörtlich an die vorgeschlagenen Formulierungen halten. Stellen Sie abwechselnd wörtlich folgende Fragen:

1. „Stellen Sie sich vor, Sie verbringen nach diesem Seminar wie üblich Ihr nächstes Wochenende (Pause), gehen am Sonntagabend schlafen (Pause) und in der Nacht zum Montag geschieht ein Wunder (Pause): Auf Ihrer Arbeitsstelle ist alles ganz wunderbar geworden, ganz so, wie sie es sich schon immer gewünscht haben. Sie wissen aber nicht, dass dieses Wunder geschehen ist. Woran merken Sie am nächsten Montag als Erstes, dass ein Wunder geschehen ist?"
2. „Wie sieht Ihr Wundertag am Montag weiter aus?"
3. „Wie noch? Woran merken Sie noch, dass ein Wunder geschehen ist?"
4. „Schauen Sie sich jetzt diese Skala an. Wenn 10 für das Wunder steht und 0 für das krasse Gegenteil, die übelste Zeit, die Sie je auf Ihrer Arbeitsstelle hatten, wo zwischen 0 und 10 ordnen Sie sich heute ein?"

0 .... **10**

Das krasse Gegenteil **Das Wunder**

5. „Welche Person (außer Ihnen selbst) hat dazu beigetragen, dass Sie heute auf (x) sind und nicht auf 0?"
6. „Welches besondere Merkmal Ihrer Arbeitsstelle hat dazu beigetragen, dass Sie heute auf (x) sind und nicht auf 0?"
7. „Welche eigene Aktivität hat dazu beigetragen, dass Sie heute auf (x) sind und nicht auf 0?"

Bedanken Sie sich bei Ihrer Seminar-Kolleg*in und ziehen Sie sich kurz zurück, um gemeinsam für sie 2 Dinge zu formulieren, die Sie ehrlich beeindruckt haben und Ihnen gefallen. Kommen Sie wieder zusammen und teilen Sie ihr diese ehrliche Anerkennung mit!

Abwandlung:
Wenn Sie mit jemandem üben, der / die gerade nicht im Berufsleben steht, wählen Sie die Variante in Übung 40.

Übung 40 – Wunder in der Familie (S)

In Ihrer Dreiergruppe steht jeweils eine Person mit ihrem Familienalltag für 30 Minuten im Mittelpunkt. Wo keine Seminargruppe vorhanden ist, können Sie das Gespräch mit einem Freund / einer Freundin führen.
In Zweiergruppen beraten Sie sich abwechselnd. Führen Sie ein lösungsfokussiertes Gespräch, indem Sie sich für den Anfang bitte wörtlich an die vorgeschlagenen Formulierungen halten. Machen Sie die Erfahrung, wie es ist, zu zweit zu beraten und stellen Sie abwechselnd wörtlich folgende Fragen:

1. „Stellen Sie sich vor, Sie verbringen nach diesem Seminar wie üblich Ihren Abend, (Pause), gehen dann schlafen (Pause) und in der Nacht auf den nächsten Tag geschieht ein Wunder (Pause): In Ihrer Familie ist alles ganz wunderbar geworden, ganz so, wie sie es sich schon immer gewünscht haben. Sie wissen aber nicht, dass dieses Wunder geschehen ist. Woran merken Sie am nächsten Morgen als Erstes, dass ein Wunder geschehen ist?"
2. „Wie sieht Ihr Wundertag dann weiter aus?"
3. „Wie noch? Woran merken Sie noch, dass ein Wunder geschehen ist?"
4. „Schauen Sie sich jetzt diese Skala an. Wenn 10 für das Wunder steht und 0 für das krasse Gegenteil, die übelste Zeit, die Sie je in Ihrer Familie hatten, wo zwischen 0 und 10 ordnen Sie sich heute ein?"

0 **10**

....

Das krasse Gegenteil **Das Wunder**

5. „Welche Person (außer Ihnen selbst) hat dazu beigetragen, dass Sie heute auf (x) sind und nicht auf 0?"
6. „Welches besondere Merkmal Ihrer Familie haben dazu beigetragen, dass Sie heute auf (x) sind und nicht auf 0?"
7. „Welche eigene Aktivität hat dazu beigetragen, dass Sie heute auf (x) sind und nicht auf 0?"

Bedanken Sie sich bei Ihrer Seminar-Kolleg*in und ziehen Sie sich kurz zurück, um gemeinsam für sie 2 Dinge zu formulieren, die Sie ehrlich beeindruckt haben und Ihnen gefallen. Kommen Sie wieder zusammen und teilen Sie ihr diese ehrliche Anerkennung mit!

Übung 41 – Ein strukturiertes kollegiales Beratungsgespräch mit konkretem Anliegen (Du-Form) (S)

Im nächsten Leitfaden, der nur eine von tausend Möglichkeiten aufzeigt, können Sie Erfahrung mit der Beratung eines konkreten Anliegens machen.
Ziel: Erfahrungen mit strukturierter lösungsfokussierter Beratung sammeln
Ausstattung: Arbeitsblatt

Die beiden folgenden strukturierten Beratungs-Gespräche stellen nur zwei von Tausenden von Möglichkeiten dar, ein lösungsfokussiertes Gespräch zu führen. Ich habe mit diesen Leitfäden bereits am 2. Seminartag von Einführungsseminaren in die Lösungsfokussierung sehr gute Erfahrungen gemacht.

Wenn Sie neu in der lösungsfokussierten Beratung üben, haben sich folgende Leitlinien als hilfreich erwiesen:

- Lesen Sie die Fragen wörtlich ab. Sie sind in spezieller Weise konstruiert und sollten für den Anfang nicht verändert werden.

- Die beiden Berater*innen wechseln sich so ab, dass Berater*in A Frage 1, Berater*in B Frage 2, Berater*in A Frage 3 usw. stellt. Eine solche klare Einteilung hilft Missverständnisse beim gemeinsamen Beraten zu vermeiden.

- Einigen Sie sich mit Ihrer Mit-Berater*in auf ein deutliches Zeichen (z. B. Augenkontakt und Nicken), das Ihnen sagt: Jetzt bist du dran.

Wenn Sie schon mehr Praxis in der lösungsfokussierten Beratung haben, werden Sie sicher freier formulieren und mit eigenen Fragen ergänzen.

Weisen Sie wie immer auf die Vertraulichkeit des Gesprächs hin („Alles, was wir besprechen, bleibt hier im Raum") und skizzieren Sie für die „Klient*in" kurz den Ablauf. Lassen Sie nur kurz berichten und unterbrechen Sie ggf. („Ich möchte das besser verstehen." „Darf ich eine Frage dazwischen stellen?"). Die meisten Klient*innen erwarten eine gründlichere Beschäftigung mit dem Problem. Kommen Sie dieser Erwartung mit einer neuen Perspektive auf das Problem („Was befürchten Sie, wenn es einfach so bleibt?" / „Wann ist das besonders störend / bedrückend für Sie?") entgegen. Jede neue Perspektive bringt schon eine kleine Veränderung.

Nach der Beratung ziehen sich die Berater*innen zurück und beraten, welche echte Anerkennung sie der Klient*in zurückmelden können, wie sie ihr Anliegen verstanden haben und welche Anregungen oder Experimente sie ggf. haben.

In der zweiten und dritten Beratung wechseln die Rollen, so dass alle Beteiligten einmal selbst beraten werden und lösungsfokussierte Fragen auch aus der Sicht der Klient*in erleben.

Arbeitsblatt – Ein strukturiertes kollegiales Beratungsgespräch (Du-Form)

Übungsgruppe: 1 Kolleg*in mit einem Anliegen
2 Berater*innen, die abwechselnd beraten

1. Anliegen
Die Berater*innen weisen auf Vertraulichkeit hin und skizzieren den Zeitrahmen (Beratung von bis zu 20 Minuten, dann Beratungspause und Rückmeldung). Die Kolleg*in schildert kurz ihr Anliegen.

2. Problembeschreibung der Klientin mit problemfokussierter Rückfrage
„Was befürchtest du für den Fall, dass sich nichts verändert?"

3. Auftrag für die heutige Sitzung
„Was kann heute hier in diesem Gespräch geschehen, dass du dir heute Abend sagst: Wie gut, dass ich dieses Thema angesprochen habe.?"

4. Wunderfrage
„Stell dir vor (Pause): Nach diesem Seminar fährst du nach Hause (Pause), machst das Übliche, legst dich abends ins Bett und schläfst ein (Pause). Und über Nacht (Pause), während du schläfst (Pause), geschieht ein Wunder (Pause) und das Problem, das du uns geschildert hast, hat sich aufgelöst (Pause), einfach so! (Pause) Du hast jedoch geschlafen und weißt nicht, dass ein Wunder geschehen ist. (Pause) Woran (Pause) wirst du nach dem Aufwachen als Erstes bemerken (Pause), dass wohl ein Wunder geschehen ist?"

„Und wie sieht dein Wundertag weiter aus?" (passende Vertiefungsfragen)

„Und was ist noch anders am Wundertag?" (passende Vertiefungsfragen)

„Wer außer dir bemerkt noch, dass ein Wunder geschehen ist?" (passende Nachfragen)

5. Skalierung 1
„Wenn 10 für das Wunder steht und 0 für das krasse Gegenteil: die schlimmste Zeit, die du je hattest: Wo zwischen 0 und 10 befindest du dich heute?"

6. Skalierung 2
„Wenn 10 für das Wunder steht und 0 für das krasse Gegenteil: Mit wie viel von 10 wirst du zufrieden sein?"

7. Skalierung 3 (bei hoher Skalierung)
„Was macht dich zuversichtlich, dass du den heutigen Stand wirst halten können?"
(Ggf.: „Was muss geschehen, damit du ihn halten kannst?")

8. Skalierung 4 (bei niedriger Skalierung)
„Was ist dein nächster kleiner Schritt?"
„Woran wirst du erkennen, dass der richtige Zeitpunkt für diesen nächsten kleinen Schritt gekommen ist?"

Beratungspause

9. Rückmeldung
Gestalten Sie Ihre Rückmeldung möglichst schriftlich in 3 Schritten:

a. Überlegen Sie für Ihre Kolleg*in 2 Dinge, die Sie ehrlich anerkennen können.

b. Fassen Sie noch einmal das Anliegen der Kolleg*in zusammen: Was wünscht sie sich? Wovon möchte sie mehr?

c. Formulieren Sie ggf. eine Aufgabe, die eingeleitet werden sollte mit:
„Wir haben ein kleines Experiment für dich, das vielleicht nützlich sein könnte …" und beendet werden sollte mit „und beobachte, was passiert".

Die Aufgabe soll

– möglichst klein und leicht durchführbar sein

– bereits vorhandenes geglücktes Repertoire der Kolleg*in aufnehmen
(oder ein wenig Sand in das Getriebe von Teufelskreisen streuen)

– nur gelegentlich erfüllt werden.

Oft reichen auch Bestärkungen („Weiter so!") und Beobachtungsaufgaben.

10. Dank und Abschied

Übung 42 – Ein weiteres strukturiertes Beratungsgespräch (Sie-Form)

1. Anliegen, Konkretisierung und Auftrag für heute
Die Berater*innen weisen auf Vertraulichkeit hin und skizzieren den Zeitrahmen. Die Klient*in schildert kurz ihr Anliegen.

„Was befürchten Sie für den Fall, dass sich nichts verändert?"
„Was kann heute hier in der Beratung Nützliches für Sie geschehen?"

2. Veränderung vor der Beratung
Vorschlag:
„Unserer Erfahrung nach haben die meisten Klient*innen, bevor Sie in der Beratung ein Thema ansprechen, bereits einige positive Veränderungen im Bereich ihres Anliegens bemerkt. Welche waren das bei Ihnen?"

3. Wunderfrage
2 Vorschläge:
„Stellen Sie sich vor: Sie gehen später nach Hause (Pause), gehen Ihren üblichen Beschäftigungen nach, (Pause) legen sich heute Abend ins Bett (Pause) und schlafen ein. Über Nacht (Pause) geschieht ein Wunder (Pause) und das Problem, das Sie hier hergeführt hat, (Pause) hat sich aufgelöst, (Pause) einfach so (passende Handbewegung der Berater*in). Woran werden Sie morgen (als Erstes) merken, dass ein Wunder geschehen ist?"

„Ich möchte gerne möglichst genau verstehen, was sich verändern soll. Stellen Sie sich einfach vor, ein Wunder sei geschehen und alles (bei ... / mit ...= Bereich des Anliegens) läuft für Sie ganz wunderbar. Wie sieht nach dem Wunder ein Tag (eine Woche) für Sie aus? Wie kann ich mir das vorstellen?"

4. Skalierung 1
„Stellen Sie sich eine Skala vor. Wenn 10 für das Wunder steht und das krasse Gegenteil 0 ist, wo befinden Sie sich heute zwischen 0 und 10?"

5. Skalierung 2
„Welche Person außer Ihnen selbst hat dazu beigetragen, dass Sie heute auf (X) sind und nicht auf 0?"
„In welcher Hinsicht hat Ihnen auch einfach Glück auf (x) verholfen?"
„Welche eigene Aktivität hat dazu beigetragen, dass Sie heute bei (X) sind und nicht bei 0?"

6. Skalierung 3
(Bei Klient*innen im oberen Skalenbereich:) „Was können Sie tun, um Ihren heutigen Stand von (...) auf der Wunderskala zu halten?" „Veränderungen laufen nicht immer geradlinig. Wie weit darf dieser heutige Stand auch einmal nach unten gehen, ohne dass diese kleinen Rückschritte Sie entmutigen?"
(Bei Klient*innen im unteren Skalenbereich:) „Was könnte Ihr nächster kleiner Schritt sein und wie werden Sie erkennen, dass der richtige Zeitpunkt für diesen kleinen Schritt gekommen ist?"

7. Erste eigene Versuche
„Was von dem, das Sie schon selbst versucht haben, war irgendwie erfolgreich, hat irgendwie gepasst?"

8. Zirkuläre Frage
„Wer kennt Sie gut?" „Wie heißt (diese Freund*in?)" „Woher / wie lange kennen Sie sich?"

„Was würde diese Freund*in Ihnen raten, wenn Sie jetzt hier wäre?"

„Und was meinen Sie dazu?"

9. Was soll bleiben?
„Wir werden uns jetzt gleich beraten, was wir Ihnen rückmelden können und welche Vorschläge wir eventuell für Sie haben."

„Was ist Ihnen so wertvoll, dass Sie es auf keinen Fall ändern möchten?"

PAUSE

10. Rückmeldung
Überlegen Sie für Ihre Gesprächspartner*in 2 ehrliche Anerkennungen.
Fassen Sie noch einmal zusammen, was Ihre Gesprächspartner*in sich wünscht.
Formulieren Sie , wenn es passt, eine Aufgabe, die Sie einleiten sollten mit:
„Wir haben ein kleines Experiment für Sie, das vielleicht nützlich sein könnte ..."
und beenden sollten mit „und schauen Sie, was passiert".

Die Aufgabe soll

— möglichst klein und leicht durchführbar sein

- bereits vorhandenes geglücktes Repertoire der Klient*in aufnehmen (oder ein wenig Sand in das Getriebe von Teufelskreisen streuen)
- nur gelegentlich erfüllt werden.

Oft reichen auch Bestärkungen („weiter so!") und Beobachtungsaufgaben.

11. Dank und Abschied

Übung 43 – Lösungsfokussierte Fragen zur Vergangenheit Oder: Es ist nie zu spät, eine glückliche Kindheit zu haben (S)

Wenn lösungsfokussierte Beratung sich mit der Vergangenheit beschäftigt, nutzt sie jede Gelegenheit, stärkende und positive Erinnerungen wiederzubeleben und für die aktuelle Lebenssituation zu nutzen. In seinem Klassiker „Es ist nie zu spät, eine glückliche Kindheit zu haben" beschreibt Ben Furman diese Möglichkeiten, positive Erfahrungen der Kindheit wieder ins aktuelle Bewusstsein zu holen.

Ziel: Belebung und Stärkung guter Kindheitserlebnisse
Ausstattung: Arbeitsblatt als Gesprächshilfe

Führen Sie zu zweit folgende Übung durch: Abwechselnd steht eine Person für max. 30 Minuten im Mittelpunkt, eine zweite Teilnehmer*in führt das Gespräch.

Leitfaden:

„Welche Tiere mochtest du als Kind? Was gefiel dir an ihnen?"

„Was war die schönste Reise, die du als Kind gemacht hast? Erzähle mehr davon."

„Welche Hobbys hattest du als Kind? Was davon hat sich bis heute durchgezogen?"

„Womit konntest du dich als Kind gut alleine beschäftigen?"

„Wer waren deine besten Freund*innen? Was hast du von ihnen gelernt?"

„Wer waren deine Lieblingsverwandten? Was hast du von ihnen gelernt?"

„Welche Lehrer*innen haben dich besonders gefördert?"

Geben Sie keine Rückmeldung, sondern lassen die Erfahrung selbst wirken.

Übung 44 – Die Stunde des Vorbilds (S)

Ziel: Neues Verhalten ausprobieren
Ausstattung: Blatt und Stift, Jacke und ggf. Schirm

Wir erwarten oft, dass Menschen erst eine neue innere Einstellung entwickeln müssen, bis ein neues Verhalten entsteht. Steve de Shazer und Insoo Kim Berg haben uns oft in Experimenten aufgefordert, an einer anderen Stelle des Kreislaufs zu beginnen. „Tue so als ob und beobachte, was passiert." ist ein verblüffendes Experiment, das im Einklang mit systemischen Grundannahmen steht. Wer sich anders verhält, ruft andere Reaktionen hervor. Wenn unsere Umgebung anders reagiert, sind auch wir anders.

Führen Sie die folgende komplexe Übung einmal selbst durch und empfehlen Sie sie bei Gefallen Ihren Klient*innen, denen Sie das Arbeitsblatt mitgeben können:

In der folgenden Übung, für die Sie sich eine Stunde Zeit nehmen sollten, schlüpfen Sie in die Rolle eines Ihrer Vorbilder.

Schritt 1:
Überlegen Sie, wer bezüglich Ihres Anliegens ein Vorbild für Sie sein könnte. Das kann eine Freund*in, eine Kolleg*in, eine Konkurrent*in sein. Wichtig ist, dass er / sie das, was Sie anstreben, anscheinend gut, vielleicht sogar mühelos erreicht. Sie können auch ein Vorbild aus Film, Fernsehen oder einem Roman wählen.

Mein Vorbild ist ....

Schritt 2:
Wie würde Ihr Vorbild jetzt hier am Tisch sitzen? Überprüfen Sie Ihre Haltung und nehmen Sie die Haltung ein, die Ihr Vorbild wahrscheinlich hier einnehmen würde. Vielleicht ist das besonders aktiv – Brust heraus, Bauch herein, Schultern zurück, Kinn gehoben? Oder besonders entspannt – locker und lächelnd?

Schritt 3:
Gehen Sie nun in der Haltung Ihres Vorbilds durch Ihre Wohnung oder Ihr Büro. Fühlen Sie sich als Besucher*in. Seien Sie nicht zu kritisch. Lassen Sie Ihr Auge freundlich und souverän über das Angenehme oder Interessante gleiten.

Schritt 4:
Tragen Sie Ihr kleines Rollenspiel auf die Straße. Gehen Sie für 30 Minuten hinaus unter Menschen. Ahmen Sie Ihr Vorbild nach. Spazieren Sie, grüßen Sie, sprechen Sie mindestens eine Passant*in an, wie es Ihr Vorbild auch tun würde.

Schritt 5:
Kommen Sie nach Hause, setzen sich ruhig an einen bequemen Ort, schließen Sie die Augen und lassen Sie Ihr Erlebnis mit sich selbst sorglos und ohne Ziel nachwirken.

Bemerkung: Das Experiment ist auch dann erfolgreich, wenn Sie merken, dass das ausprobierte Verhalten gar nicht zu Ihnen passt. Dann sollten Sie für Ihr Vorhaben vielleicht ein anderes Vorbild ins Auge fassen. Und was, wenn Ihnen kein Vorbild für Ihr Ziel einfällt? Könnte es ein Zeichen sein, dass Ihr Ziel („unmenschlich"?) hoch ist?

Übung 45 – Übung zu gezielten Perspektiven in der Beratung

Ziel: Erfahrungen mit freien Fragen und abwechselndem Fokus in der lösungsfokussierten Beratung sammeln
Ausstattung: Arbeitsblatt

Beraten Sie zu zweit eine Kolleg*in. Teilen Sie Ihr Zweier-Beratungsteam auf und erproben Sie eine Beratung in zweimal zwei (= 4) Phasen à max. 5–7 Minuten. Jede Berater*in berät also zweimal 5-7 Minuten. Die andere Berater*in gibt nach 5 Minuten ein vereinbartes Zeichen und übernimmt spätestens nach 7 Minuten die Beratung.

Formulieren Sie freie Fragen, die aber jeweils einen der folgenden bedeutsamen Aspekte von Beratung aufnehmen:

PHASE 1: (5–7 Minuten)
Berater*in A: Was ist das Anliegen? Was befürchtet die Klient*in für den Fall, dass sich nichts verändert? Was ist der Auftrag und die Erwartung für die heutige Sitzung? Warum sind bestimmte Dinge gerade heute wichtig / stehen zur Klärung an?

PHASE 2: (5–7 Minuten)
Berater*in B: Wie ist das Ziel der Klient*in? Wie sieht das Wunder aus? Was ist im Leben der Klient*in anders, wenn es in Richtung Wunder geht? Wovon möchte die Klient*in mehr / was möchte sie öfter?

PHASE 3: (5–7 Minuten)
Berater*in A: Welche Veränderungen sind bereits eingetreten? Wie kam es dazu, was war hilfreich? Was wurde schon erfolgreich versucht? In welchem Stil führt die Klient*in selbst Verbesserungen durch (planend / zufällig / aktiv / abwartend?) Was hat bisher nicht geholfen? Was gibt der Klient*in Vertrauen, dass etwas zu ändern ist?

PHASE 4: **(5–7 Minuten)**

Berater*in B: Wer unterstützt die Klient*in auf ihrem Weg? Wer hat bereits früher geholfen? Wer steigert ihr Selbstvertrauen? Wer nimmt das Anliegen besonders wichtig / nicht so ernst? Wer ist Vorbild für die Klient*in? Was waren wichtige Bezugspersonen und was meint die Klientin dazu?

PHASE 5:

Formulieren Sie beide gemeinsam eine Rückmeldung im Dreierschritt: Anerkennung / das wünschen Sie sich / Anregungen – Experimente

Übung 46 – Anregungen für ein strukturiertes zweites Gespräch

Ziel: Erfahrungen mit strukturierten zweiten Gesprächen in der lösungsfokussierten Beratung sammeln
Ausstattung: Arbeitsblatt

Tun Sie sich in einer Dreiergruppe zusammen und führen Sie ein Fortsetzungsgespräch zu einem Anliegen, zu dem die einzelne kollegiale Klient*in schon beraten worden ist.

Das nachfolgende Gespräch stellt nur eine von Tausenden von Möglichkeiten dar, ein Folge-Gespräch im lösungsfokussierten Stil zu führen. In einer Übungsphase macht es jedoch Sinn, Erfahrungen mit solch strukturierten Leitfäden zu machen. In der folgenden Form habe ich besonders darauf geachtet, die „Klient*in" nicht auf das Wunder vom Erstgespräch festzulegen und Fortschritte vorsichtig zu fördern (standhalten, den richtigen Zeitpunkt für den nächsten Schritt abwarten).

Wenn Sie noch neu sind in der lösungsfokussierten Beratung, ist es hilfreich, die Fragen wörtlich abzulesen. Sie sind in spezieller Weise konstruiert und sollten für den Anfang nicht verändert werden.

Die beiden Berater*innen wechseln sich so ab, dass Berater*in A Frage 1, Berater*in B Frage 2, Berater*in A Frage 3 usw. stellt. Eine solche klare Einteilung hilft, Missverständnisse beim gemeinsamen Beraten zu vermeiden. Warten Sie auf ein (abgesprochenes) Zeichen Ihrer MitBerater*in, das Ihnen sagt: „Jetzt bist du an der Reihe."

Nach der Beratung ziehen sich die Berater*innen zurück und beraten über echtes Lob und ggf. weitere Experimente für die Klient*in. Vielleicht sind dabei die folgenden Leitlinien für Experimente in der zweiten und folgenden Sitzungen nützlich.

Von Insoo Kim Berg stammt die Tradition, ein lösungsfokussiertes Zweitgespräch mit der Frage „Was ist besser geworden?" zu beginnen. Zweifelten ihre Klient*innen, verkündete Insoo Kim Berg, dass Leben immer aus einem Auf und Ab bestehe. So nimmt es auch der Leitfaden auf.

Arbeitsblatt – Anregungen für ein strukturiertes zweites Gespräch
(Begrüßung)

1. Zunächst möchte ich wissen: Was ist besser geworden?"
(Bei skeptischen Nachfragen der Klient*in oder bei der Antwort „Nichts!" können Sie wie folgt ergänzen und erläutern:

„Leben heißt ständige Veränderung. Immer gibt es im Leben Dinge, die besser und andere, die schlechter werden. Deshalb möchte ich zunächst wissen: Was ist besser geworden?"

2. Passende Nachfragen dazu, z. B.:

„Wie war das?"
„Wie ist das gekommen?"
„Was hat dabei geholfen?"
„Wer hat dich unterstützt?"

3. „Was ist noch besser geworden?"

4. Passende Nachfragen dazu

5. Skalierung
„Wenn 10 dafür steht: Ich bin völlig zufrieden damit, wie es im Moment ist – und 0 für das krasse Gegenteil, die schlimmste Zeit, wo stehst du heute?"

6. „Was wird dir helfen, diesen Wert zu halten?"

7. „Und mit welchem Wert wirst du zufrieden sein?"

8. „Was könnte ein nächster Schritt in Richtung Zufriedenheit sein? Ist es eher etwas zum Tun oder eher etwas, das du abwarten solltest?" (Bei Aktivitäten: „Wie wirst du erkennen, dass der richtige Zeitpunkt dafür gekommen ist?")

9. „Wer kennt dich gut?" (Lassen Sie eine konkrete Person benennen!) „Wenn er / sie jetzt hier wäre, was würde er / sie raten?" „Und was meinst du dazu?"

10. „Was sollten wir in dieser Sitzung noch Wichtiges fragen?"

11. „Was sollten wir dir in der Rückmeldung nach der Sitzung noch Wichtiges sagen?" Ggf.: „Wobei wird dir das helfen?" und „Welchen Rat, welche Anregung können wir uns sparen?".

Es folgen: Dank – Pause – Echte Anerkennung – Rückmeldung (zu Experimenten in Folgesitzungen finden Sie Bemerkungen auf der folgenden Seite).

Übung 47 – Beratung zur beruflichen Lebensplanung (S)

Ziel: Erfahrungen mit strukturierten Gesprächen zur Begleitung beruflicher Entwicklungen (z. B. im Coaching) führen.
Ausstattung: Arbeitsblatt

1. Bilden Sie Zweier- oder Dreiergruppen.

2. Stellen Sie eine Person aus Ihrer Gruppe in den Mittelpunkt. Sie soll ein echtes (!) berufliches Lebensziel bearbeiten. Die beiden Kolleg*innen führen abwechselnd die Beratung durch.

3. Die Berater*innen führen ein Gespräch nach dem vorgeschlagenen Leitfaden durch. Halten Sie sich zunächst an die vorgeschlagenen Fragen. Sie sind bewusst so ausgewählt, dass sie z. B. den Blick auf Unterstützung durch andere Personen und glückliche Umstände lenken und erst danach nach eigenen Aktivitäten fragen.

4. Am Ende werden konkrete kleine Schritte mit Terminen (wann?) festgehalten, wo möglich, auch im Terminkalender.

5. Zum Abschluss des Gesprächs können die Berater*innen gerne echte und ernstgemeinte Anerkennung äußern.

Achtung! Lassen Sie nach jeder Frage viel Zeit! Je länger eine Antwort dauert, umso mehr neues Wissen wird produziert!

Sie haben für diese Übung etwa 20-30 Min. Zeit. Wechseln Sie danach, so dass jede Person einmal im Mittelpunkt steht.

Arbeitsblatt – Beratung zur beruflichen Lebensplanung Sie-Form

Benennen Sie Ihr wichtigstes berufliches Ziel für die nächsten 3 Jahre!

1. „Stellen Sie sich vor, wir treffen uns in 3 Jahren, also im Jahre 20 …, wieder hier in … Sie sind zufrieden, denn Sie haben bei Ihrem wichtigsten beruflichen Ziel eigentlich alles erreicht, was Sie sich vorgestellt haben. Wie sieht Ihr berufliches Leben nun aus? Was können Sie mir / uns im Jahre 20 … berichten?"

2. „Und wie sieht Ihr Leben noch aus, wenn Ihr beruflicher Wunsch in Erfüllung gegangen ist?"

3. „Betrachten Sie jetzt die folgende Skala. 10 steht für Ihren Erfolg, wie Sie ihn gerade geschildert haben. 0 steht dafür, dass Sie bezüglich Ihres Zieles noch völlig am Anfang stehen."

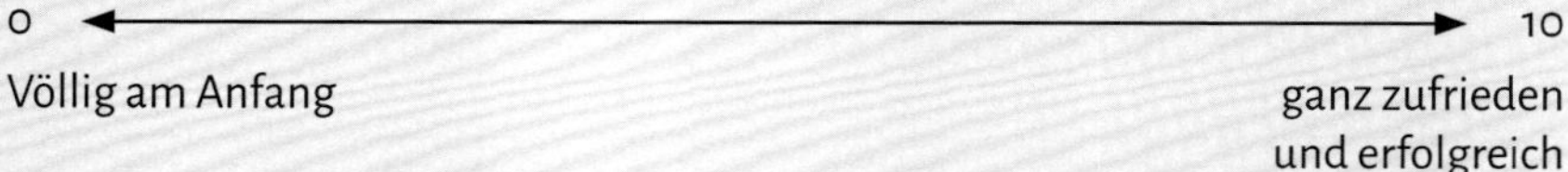

4. „Wo zwischen 0 und 10 stehen Sie heute?"

5. „Welche Personen (außer Ihnen selbst) haben dazu beigetragen, dass Sie sich heute bei … einordnen und nicht mehr bei 0?"

6. „Welche glücklichen Umstände haben dazu beigetragen, dass Sie sich heute bei … einordnen und nicht mehr bei 0?"

7. „Welche eigenen Aktivitäten haben dazu beigetragen, dass Sie sich heute bei … einordnen und nicht mehr bei 0?"

8. „Nennen Sie nun 2 möglichst kleine Dinge, die in den nächsten 4 Wochen geschehen müssen, um Sie auf dem Weg zu Ihrem Ziel einen Punkt höher auf der Skala zu bringen. Berücksichtigen Sie auch kleine Aktivitäten, die eine größere Aktivität einleiten (z. B. Anmeldung, erste Kontakte …)." „Es kann auch durchaus sein, dass Sie weniger tun und mehr lassen müssen. Dann nennen Sie doch bitte zwei kleine Dinge, von denen Sie weniger machen wollen und zwei kleine Dinge, (beispielsweise: schlafen, einen Ausflug machen, ein unterhaltsames Buch kaufen), die Sie stattdessen machen wollen."

9. „Planen Sie diese beiden Dinge fest und tragen Sie sie am besten direkt jetzt in Ihren Terminkalender ein. Versehen Sie sie dort mit einem Stern oder einer bestimmten Farbe, um ihnen absolute Priorität einzuräumen." „Welche Unterstützung wünschen Sie sich noch von uns, damit Sie diese Termine auch einhalten?" „Wünschen Sie vielleicht einen Termin, bei dem wir uns telefonisch nach diesen beiden Dingen erkundigen?"

Übung 48 – Beratung zur persönlichen und privaten Lebensplanung – Arbeitsblatt Du-Form (S)

Benenne dein wichtigstes persönliches oder privates Ziel für die nächsten 3 Jahre!

1. „Stell dir vor, wir treffen uns in 3 Jahren, also im Jahre 20 ... wieder hier in ... Du bist völlig zufrieden, denn du hast bei deinem wichtigsten persönlichen oder privaten Ziel alles erreicht, was du dir vorgestellt hast. Wie sieht dein Leben nun aus? Was kannst du mir / uns im Jahre 20.. berichten?“

2. „Und wie sieht dein Leben noch aus, wenn dein persönlicher oder privater Wunsch in Erfüllung gegangen ist?“

3. „Betrachte jetzt die folgende Skala. 10 steht für deinen Erfolg, wie du ihn gerade geschildert hast. 0 steht dafür, dass du bezüglich deines Zieles noch völlig am Anfang stehst.“

0 ◄──────────────────────────► 10

Völlig am Anfang — ganz zufrieden und erfolgreich

4. „Wo zwischen 0 und 10 stehst du heute?“

5. „Welche Personen (außer dir selbst) haben dazu beigetragen, dass du dich heute bei ... einordnest und nicht mehr bei 0?“

6. „Welche glücklichen Umstände haben dazu beigetragen, dass du dich heute bei ... einordnest und nicht mehr bei 0?“

7. „Welche eigenen Aktivitäten haben dazu beigetragen, dass du dich heute bei ... einordnest und nicht mehr bei 0?“

8. „Nenne nun 2 möglichst kleine Dinge, die in den nächsten 4 Wochen geschehen müssen, um dich auf dem Weg zu deinem Ziel einen Punkt höher auf der Skala zu bringen. Berücksichtige auch kleine Aktivitäten, die eine größere Aktivität einleiten (z. B. Verabredung, Anruf, erste Kontakte ...).“ „Es kann auch durchaus sein, dass du nicht mehr, sondern weniger tun und mehr lassen kannst. Dann nenne doch bitte zwei kleine Dinge, die du weniger tun möchtest und zwei kleine Dinge (beispielsweise: schlafen, einen Ausflug machen, ein unterhaltsames Buch kaufen), die du stattdessen machen möchtest.“

9. „Plane einen Termin für jedes dieser beiden Dinge und trage sie am besten direkt jetzt in deinen Terminkalender ein. Räume Ihnen am besten absolute Priorität ein.“ „Welche Unterstützung wünschst du dir noch von uns, damit du diese Termine auch einhalten kannst?“ „Wünschst du vielleicht einen Termin, bei dem wir uns telefonisch nach diesen beiden Dingen erkundigen?“

10. Zum Abschluss des Interviews können die Berater*innen noch echte und ernstgemeinte Anerkennung äußern.

Sie können nach diesem Vorbild vielfältige Beratungsgespräche führen, die Sie je nach Anliegen Ihrer Klient*in variieren.

Übung 49 – Übung zu Ressourcen in der Biografie (S)

Ziel: Erfahrungen in lösungsfokussierter Biografie-Arbeit sammeln / Stärkung der biografischen Ressourcen
Ausstattung: Arbeitsblatt

Eines der erfolgreichsten Bücher des bekannten finnischen IASTI-Kollegen Ben Furman trägt den Titel: Es ist nie zu spät, eine glückliche Kindheit zu haben. Das heißt, dass es mit Hilfe lösungsfokussierter Haltung und Beratung möglich ist, Dinge in der Vergangenheit eines Menschen zu bessern. Wie kann dies möglich sein?

Aus konstruktivistischer Sicht ist Biografie und Vergangenheit nichts Feststehendes, sondern wird im Moment des Erinnerns jedes Mal neu konstruiert und zusammengesetzt, abhängig vom Kontext wie auch der Gesprächspartner*in. Biografische Studien sprechen deshalb z. B. im biografischen Interview von einer „Koproduktion“ der Biografie zwischen Interviewer*in und interviewter Person.

Ähnlich gehen wir vor, wenn wir in einem lösungsfokussierten Interview bestimmte Aspekte in der Vergangenheit beleuchten und dadurch stärken.

Im Bedürfnis, die vielschichtigen und ambivalenten Erlebnisse aus Kindheit und Jugend zu verarbeiten, werten viele Menschen ihre Herkunftsfamilie ab. Diese „Lösung“ stellt jedoch auf Dauer nicht zufrieden. Menschen möchten sich erinnern und sich differenziert mit ihrer Vergangenheit auseinandersetzen. Das zeigt auch der große Erfolg von Familienaufstellungen und analytischen Psychotherapien. Insoo Kim Berg hat uns zusätzlich deutlich gemacht, wie groß das Bedürfnis jedes Menschen ist, stolz auf bestimmte Aspekte seiner Vergangenheit und seiner Herkunftsfamilie zu sein.

Immer dann, wenn Sie Ihr Gegenüber besser kennen lernen wollen, wenn Sie Wertschätzung in der Beratungsbeziehung betonen wollen oder das Thema, an dem ihre Klient*in gerade arbeitet, ins Stocken geraten ist, können Sie Ressourcen in der Biografie betrachten. Das nachfolgende Gespräch zeigt eine Möglichkeit dazu.

Arbeitsblatt – Übung zu Ressourcen in der Biografie

Suchen Sie sich eine Partner*in (ggf. auch zwei) Ihres Vertrauens und führen Sie diese Übung wechselseitig durch. Wenn beide Durchgänge vorbei sind, reflektieren Sie gemeinsam Ihre Erfahrungen.

1. Benennen Sie eine Eigenschaft Ihrer Partner*in, die Ihnen positiv aufgefallen ist. Fragen Sie nach, ob auch Ihre Partner*in diese Eigenschaft bei sich selbst sieht.

(„Ich habe den Eindruck, du bist sehr ... Siehst du das auch so?") Stimmt die Gesprächspartner*in nicht zu, versuchen Sie es mit einer weiteren Eigenschaft, bis Sie sich einig sind.

2. Fragen Sie dann weiter: „Woher hast du diese Eigenschaft? Hast du das in deiner Kindheit gelernt, ist dir das in die Wiege gelegt worden (3) oder hast du diese Eigenschaft eher später selbst (4) erworben?"

Fragen Sie je nach Antwort bei 3 oder 4 weiter:

3. Ressourcen in der Kindheit:

„Konntest du das immer schon oder wo hast du das gelernt?" („Wie alt warst du, als du das gelernt hast?")

„Wer noch in deiner Familie hat diese Eigenschaft?" „In der weiteren Familie?"

> „Wie hat das Deine Familie unterstützt ?"
>
> „Wer hat das noch besonders unterstützt?"
>
> „Wer war noch förderlich ?"
>
> „Welche Vorbilder hattest du?"
>
> „Wobei hilft dir diese Eigenschaft heute besonders?"

4. Ressourcen in der Persönlichkeit und im persönlichen Netzwerk:

> „Wie hast du dir diese Eigenschaft selbst erworben?"
>
> „Wie hast du dich dazu entschlossen?"
>
> „Wie alt warst du damals?"

„Welche Vorbilder hattest du?"

> „Was hat dir dabei geholfen?" „Wer hat dir dabei geholfen?"
>
> „Wobei hilft dir diese Eigenschaft heute besonders?"

Übung 50 – Lern- und Veränderungsprozesse begleiten (S)

Ziel: Anregungen für eine lösungsfokussierte Begleitung von Lern- und Veränderungsprozessen

Ausstattung: Arbeitsblatt

Wenn in Ihrer Gruppe eine Teilnehmer*in eine neue Arbeitsstelle angetreten hat oder eine andere ähnlich große berufliche Veränderung durchmacht, können Sie in einer kleinen Übung die Kraft lösungsfokussierter Fragen ausprobieren.

Stellen Sie alleine oder zu zweit Ihrer Kolleg*in die folgenden Fragen und reflektieren hinterher ihre Erfahrungen.

„Welche Fähigkeiten, die du bereits an dir kanntest, hast du bei deiner neuen Stelle bestätigt gefunden?“

„Wo helfen dir Erfahrungen aus deiner letzten Arbeitsstelle (bzw. deiner Ausbildung, deinem Studium)?“

„Welche neuen, vielleicht unerwarteten Fähigkeiten hast du dort schon an dir entdeckt?“

„Was bei der neuen Stelle ist eine Herausforderung zum Weiterlernen?“

„Wie wirst du weiterlernen?“

„Was und wer wird dich dabei unterstützen?“

„Einarbeitung ist immer auch anstrengend. Wie wirst du sicherstellen, dass auch Muße und Erholung in deinem Alltag nicht zu kurz kommen?“

Geben Sie Ihrer Gesprächspartner*in eine Rückmeldung mit ehrlicher Anerkennung.

Übung 51 – Anregungen für eigene Leitfäden (S)

Ziel: für die eigene Beratungspraxis passende Leitfäden entwickeln
Ausstattung: Notizen für passende Fragen

Erstellen Sie probeweise einen eigenen Leitfaden für ein systemisch-lösungsorientiertes Beratungsgespräch, das zu Ihrer Praxis passt. Lassen Sie sich von den folgenden typisch lösungsfokussierten Perspektiven (und ggf. Formulierungshilfen) leiten.

Fokus	Mögliches Handwerkszeug
Wichtigkeit des Anliegens	▶ Was befürchten Sie für den Fall, dass sich nichts verändert? ▶ Was daran ist besonders belastend oder schwierig für Sie?
Veränderung vor der Beratung	▶ Bei vielen Menschen, die einen Beratungstermin vereinbaren, haben sich zwischen der Terminvereinbarung und dem ersten Gespräch schon erste Entwicklungen oder sogar Verbesserungen gezeigt. Welche waren das bei Ihnen?
Energie und möglicher Einsatz	▶ Es gibt Zeiten, da können wir für ein Anliegen alle unsere Energie einsetzen und dann wieder gibt es Zeiten, da haben andere Dinge Priorität. Wie ist das im Moment bei Ihnen? ▶ Wenn 0 dafür steht: Andere Dinge haben Priorität und 10 dafür: Alle Energie, oberste Priorität für dieses Anliegen – wo möchten / können Sie sich da einordnen?
Zielrichtung	▶ Wunderfrage oder: Stellen Sie sich vor, alles läuft optimal, vielleicht sogar noch viel besser als erwartet. Was können Sie mir dann in einem Jahr erzählen? / Wie sieht dann Ihre Situation in einem Jahr aus?
Heutiger Stand	▶ Wenn 10 für diese wunderbare Entwicklung steht und 0 für das krasse Gegenteil, wo zwischen 0 und 10 können / wollen Sie sich heute einordnen?

Lösungswege erkunden 1 **Frühere Erfahrungen und früher erfolgreiche Maßnahmen**	▶ Wann waren Sie schon einmal in einer ähnlichen Situation und was hat da geholfen? ▶ Wer hat Sie da unterstützt? ▶ Was haben Sie selbst getan? ▶ Was haben Sie vielleicht gelassen, wovon weniger getan? ▶ Wo haben Sie einfach Glück gehabt?
Lösungswege erkunden 2	▶ Sie ordnen sich heute bei ... ein und nicht bei 0. ▶ Welche Person außer Ihnen selbst hat Ihnen auf die ... geholfen? ▶ Wovon haben Sie vielleicht weniger gemacht und es hat geholfen? ▶ In welcher Hinsicht haben Sie einfach Glück gehabt? ▶ Welche eigene Aktivität hat Ihnen geholfen?
Persönlicher Lösungsweg: weniger tun – einmal (los)lassen	▶ Wovon könnten Sie heute weniger tun, was einmal lassen, das vielleicht hilfreich wäre?
Persönlicher Lösungsweg: Unterstützer*innen	▶ Wer hilft Ihnen in der jetzigen Situation? Wer ist für Sie da? ▶ Wer könnte noch unterstützen und helfen?
Persönlicher Lösungsweg: glückliche Umstände	▶ Auf welchen glücklichen Umstand müssten Sie heute warten, damit es ein wenig in die richtige Richtung geht?

Persönlicher Lösungsweg: eigene Aktivität	▶ Was könnte Ihr nächster Schritt sein und wann ist die richtige Zeit dafür da?
Freizeit und Entspannung?	▶ Was in Ihrer Freizeit – egal ob aktiv oder ausruhend könnte Sie in Richtung einer guten Entwicklung unterstützen?
Hoffnung	▶ Was gibt Ihnen Hoffnung? ▶ Was sind für Sie die ersten Zeichen, die sagen: Da kann sich etwas ändern

Zuversicht	▶ Auf einer Skala von 0 bis 10, wo 10 dafür steht: ich bin ganz zuversichtlich, dass sich etwas ändert und 0 für das krasse Gegenteil – wo stehen Sie da? ▶ Was macht Sie zuversichtlich, dass sich etwas ändern kann?
Richtiger Zeitpunkt?	▶ Was sagt Ihnen, dass jetzt der richtige Zeitpunkt ist die Sache anzugehen? ▶ Manchmal ist der richtige Zeitpunkt etwas Neues zu überlegen und manchmal ist der richtige Zeitpunkt etwas Neues zu tun? Wie ist das bei Ihnen im Moment? ▶ Wer ist noch der Meinung, dass jetzt der richtige Zeitpunkt ist?
Vorbild	▶ Wenn Sie an die erhofften Entwicklungen denken, wer aus Ihrem Freundeskreis, Ihrer Familie oder von Ihren Kollegen ist da ihr Vorbild? Was macht diese Person – wie geht sie vor? ▶ Welche Aspekte des Vorbild wollen Sie übernehmen und welche nicht?
Zirkuläre Frage nach Ratschlägen aus dem Freundeskreis	▶ Wer kennt Sie gut? Was würde diese Person raten? Und was meinen Sie dazu?
Zirkuläre Frage nach Zutrauen aus dem Freundeskreis	▶ Wer traut Ihnen diese Veränderung zu / würde Sie Ihnen zutrauen, noch mehr als Sie selbst? Was sieht diese Person bei Ihnen?
Ressourcen aus der Familie	▶ Welche gute Eigenschaft Ihrer Familie wird Ihnen in dieser Angelegenheit helfen?
Gesellschaftliche Veränderungen	▶ Was könnte sich in der Gesellschaft verändern, dass es für Sie hilfreich wäre? ▶ Welche Gesetze und Vorschriften müssten sich ändern, damit Sie besser vorankommen in Ihrer Angelegenheit? ▶ Welche Hilfestellungen aus der Gesellschaft könnten Sie jetzt gut gebrauchen?
Eigener Fokus	

Eigener Fokus	
Eigener Fokus	

Szenische Verfahren in der Beratung

Wichtigstes Mittel zur Veränderung in der Lösungsfokussierung sind zunächst Worte. „Worte waren ursprünglich Zauber“ – mit diesem Buchtitel erinnert Steve de Shazer an die schamanistische Praxis der Zaubersprüche.

Als Ethnologin weiß ich, dass kraftvolle Worte häufig begleitet waren von kraftvollen Gesten, von Ritualen, Symbolen, Bildern, die in einer Hinsicht mehr vermögen als Worte:

Sie können ambivalente, mehrdeutige, widersprüchliche Aspekte einer Sache zusammenfassen und darstellen. Sie erreichen weniger die kognitive als die emotionale Seite eines Menschen.

Systemische Beratung nutzt sowohl die Kraft der Worte als auch die Macht der Bilder, Rituale und Symbole. In der Weiterentwicklung des lösungsfokussierten Ansatzes lege ich viel Wert auf die Aufnahme szenischer Verfahren in den lösungsfokussierten Handwerkskoffer. In der Folge stelle ich Ihnen Möglichkeiten zum szenischen Arbeiten vor, die die lösungsfokussierte Praxis bereichern können.

Beratung mit Papier und Stift, Schere und Kleber

Kleine „transverbale“ Übungen (von Kibed/Sparrer 2023), die die mündliche Beratung ergänzen und begleiten, bereichern die verbale Arbeit in der Beratung. Sie eröffnen eine neue Perspektive auf das Besprochene, lenken den Blick vom Gesicht und den Augen des Gegenübers auf ein gemeinsam zu betrachtendes Drittes, geben Zeit und Pause in der Beratung und laden zum Neu-Denken und Schauen ein.
Die folgenden kleinen Interventionen sind Anregungen aus der systemisch-szenischen Sandspielarbeit, Aufstellungsarbeit und der systemischen Arbeit mit Stift und Papier (vgl. z.B. Satir, von Kibed, Sparrer, Brächter, Madelung).

Halten Sie für die folgenden kleinen Beratungssequenzen während einer Sitzung Papier (A4 oder A3) und wenige (gerne dicke) Stifte in Grundfarben bereit.

Übung 52 – Was muss jetzt gerade zurückstehen? (S)

Ziel: Blick auf den weiteren Kontext richten / Selbstberatung
Ausstattung: Papier, Schere und dicke Stifte

Malen Sie sich selbst – als Person oder als Symbol – und Ihr derzeitiges Anliegen in einem oder mehreren Symbolen.
Überlegen Sie: Was muss zurzeit zurückstehen, weil das Anliegen Priorität hat? Betrachten Sie dann das Bild. Was empfinden Sie? Was könnte vielleicht Gutes daran sein, wenn diese Sache eine Weile ruhen und zurückstehen muss?

Schneiden Sie das Symbol für das Anliegen aus und das Symbol für das, was zurückstehen muss. Vertauschen Sie jetzt die Plätze der Symbole auf dem Blatt. Wie wäre es, wenn Sie sich statt ums Anliegen wieder mehr um das kümmern, was zurückstehen muss? Wie wirkt das Bild jetzt auf Sie?

Übung 53 – Was kommt nach dem Anliegen? (S)

Ziel: den Blick übers Ziel hinaus weiten / neue Perspektiven / auch: Selbstberatung
Ausstattung: Papier, Schere und dicke Stifte

Malen Sie sich selbst – als Person oder als Symbol – und ihr derzeitiges Anliegen in einem oder mehreren Symbolen. Malen Sie dann das, was danach kommt. Das, womit Sie sich beschäftigen müssen, wenn das Anliegen gelöst ist oder sich erledigt hat.
Betrachten Sie das Bild. Was empfinden Sie? Was könnte vielleicht Gutes daran sein, wenn diese neue Sache noch eine Weile ruhen und zurückstehen muss?

Schneiden Sie das Symbol für derzeitige Anliegen aus und das Symbol für das, was danach kommt. Vertauschen Sie jetzt die Plätze der Symbole auf dem Blatt. Wie wäre es, wenn Sie sich statt ums Anliegen bereits jetzt mehr um das kümmern, was eigentlich erst danach kommen sollte? Wie wirkt das Bild jetzt auf Sie?

Übung 54 – Elemente neu anordnen (S)

Ziel: Element in der Beratung / Selbstberatung
Ausstattung: Papier, Schere und dicke Stifte

Malen Sie alle Elemente Ihres Anliegens, die Ihnen einfallen, auf ein Blatt. Schneiden Sie dann die Elemente aus, nehmen ein neues Blatt und kleben die Elemente in eine bessere Anordnung, fast so, als sei ein Wunder geschehen. Sie haben aber keine Möglichkeit, die Elemente wegzugeben oder zu verändern. Alle müssen einen Platz bekommen, so, als sei eine Fee hereingeflogen und habe alles verändert.

Betrachten Sie das Blatt von ganz verschiedenen Seiten. Drehen Sie es in verschiedene Positionen. Legen Sie es auf den Boden. Hängen Sie es an die Wand.

Was würden Sie hinzufügen (wegnehmen geht nicht), um ein Bild zum Wohlfühlen herzustellen?

Übung 55 – Der verdeckte Gewinn als Schatztruhe (S)

Ziel: verdeckte Aspekte des Anliegens erkennen / auch: Selbstberatung
Ausstattung: Papier, Schere, Kleber / Klebeband und dicke Stifte

1. Schritt: Malen Sie Ihre derzeitige Situation mit dem Anliegen.
2. Falten Sie dann aus Papier eine kleine Schatztruhe, die Sie mit Symbolen verzieren können. Die Schatztruhe symbolisiert den verdeckten Gewinn, den das Anliegen auch mit sich bringt. Bewegen Sie diese Schatztruhe hin und her auf dem Bild, bis Sie einen stimmigen Platz gefunden haben.
3. Betrachten Sie jetzt das Bild und lassen es auf sich wirken.

Übung 56 – Heute und das Wunder im Raum (S)

Ziel: Emotionale Annäherung an Anliegen und Wunder, Lockerung eines Beratungssettings, Beratung „geheimer" Themen / auch: Selbstberatung
Ausstattung: freier Platz in der Raum-Mitte bzw. auf einem Flur, an windstillen Tagen auch auf einer Wiese, im Garten, Papier in DIN A4 oder größer, bunte Stifte

Die folgende lösungsfokussierte Arbeit mit einem Bildverfahren nimmt Anregungen aus Eva Madelungs Band „Im Bild sein" für die lösungsfokussierte Praxis auf.

Ablauf einer Einzelberatung (Selbstberatung analog)

Die Klient*in erhält 3 Blätter und (Bunt-)Stifte. Sie wird eingeladen, mit der nichtdominanten Hand (also meist mit der linken, bei Linkshänder*innen mit der rechten Hand) 3 Bilder mit folgendem Inhalt zu malen:

Bild 1: symbolisiert ganz frei, abstrakt oder gegenständlich, die Situation heute, die die Klient*in verändern möchte

Bild 2: symbolisiert ganz frei, abstrakt oder gegenständlich das „Wunder", wie das Leben sein wird, wenn ein Wunder geschehen ist und alles so geworden ist, wie die Klient*in es erhofft

Bild 3: symbolisiert mit wenigen Strichen (wie hier abgebildet) die weise alte Person, die die Klient*in einmal sein wird.

Bei jedem Bild kennzeichnet die Klient*in, wo das Bild seine Basis hat, wo „unten" ist.

Nun beginnt die Arbeit mit den Bildpositionen:

1. Die Klient*in kann ihr Anliegen erläutern, muss das aber nicht tun. Sie kann ihr Anliegen auch für sich behalten.

2. Die Berater*in führt die Klient*in im Raum umher und ermuntert sie dann, mit dem Bild 1 (dem heutigen Zustand) alleine im Raum umher zu wandern und ganz intuitiv einen passenden Platz für das Bild zu finden und es dort auf dem Boden abzulegen.

3. Nun bittet die Berater*in die Klient*in auch mit Bild 2 (dem Zustand nach dem Wunder) im Raum umher zu wandern und auch für dieses Bild ganz intuitiv einen passenden Platz zu finden und es auf dem Boden abzulegen.

4. Nun bittet die Berater*in die Klient*in sich mit den Füßen so auf das erste Bild zu stellen, dass die Fersen auf der „Basis" des Bildes stehen und die Zehen zum oberen Bildrand zeigen. Die Klientin wird nun nach ihren Empfindungen befragt.

   Dazu ein Beispiel:

   „Lass deine Arme locker an der Seite hängen, schau in die Richtung, die dir das Bild vorgibt und beschreibe, wie es dir auf dieser Position geht."
   „Wie ist dein Atem dort? Frei oder beengt? Wie ist dein Stand? stabil oder unsicher, leicht oder schwer? Welche Körperteile sind angespannt, welche entspannt? Was fällt dir noch auf dieser Position ein?"

5. Danach bittet die Berater*in die Klient*in sich (wie in Punkt 3) auf das zweite Bild (Zustand nach dem Wunder) zu stellen und auch dort zu erleben und zu beschreiben, wie es ihr geht.

   (Hier kann es durchaus sein, dass Klient*innen sich auf dem „Jetzt"-Zustand sicherer fühlen als auf dem Wunschzustand.)

6. Danach bittet die Berater*in die Klient*in das Bild 3 (die weise alte Person) zu nehmen und fragt: „Wie alt wirst du sein, wenn du eine weise alte Person bist?" Nach der Arbeit bittet sie die Klient*in: „Suche nun einen passenden Platz für das Bild der weisen alten Person aus, von dem aus sie die gesamte Szene gut überblicken kann. Stell dich dann auf das Bild der weisen alten Person (liegt das Bild auf einem Stuhl, kann Hilfestellung gegeben werden), betrachte von dort aus die ganze Szene und gib dir einen guten Rat, laut, so dass wir ihn hören können."

7. Nun soll die Klient*in das Bild der weisen alten Person verlassen und wird eingeladen, die beiden anderen Bilder zu bearbeiten. Das kann die Berater*in z.B. so kommentieren: „Du bist jetzt frei, mit den ersten beiden Bildern zu tun, was du möchtest. Du kannst ihnen einen neuen Platz geben, kannst sie übereinander legen, kannst Stücke abreißen oder ein Bild ganz wegwerfen, alles, was dir einfällt." Für diese Phase erhält die Klient*in ausreichend Zeit.

8. Wenn die Bilder zur Zufriedenheit bearbeitet und verändert wurden (oder auch nicht), fordert die Beraterin zum Betreten der neuen Positionen auf. Das kann so aussehen: „Nun stelle dich wieder auf das erste Bild und danach auf das zweite Bild und berichte, wie es dir in der jeweiligen Position geht. Was hat sich vielleicht verändert?" Liegen die Bilder übereinander, stellt sich die Klient*in nur einmal auf.

9. Dann kommt die letzte Aufgabe, noch einmal den Rat der weisen alten Person einzuholen, z.B. so: „Gehe nun wieder auf die Position der weisen alten Person und gib dir von dort aus einen abschließenden Rat!"

10. Damit ist die Arbeit beendet. Die Beraterin bedankt sich und fragt die Klient*in, ob sie das Bild des Lebens nach dem Wunder vielleicht gerne mit nach Hause nehmen möchte, wo die Klientin es aufstellen, unter ihr Kopfkissen legen oder an einer anderen prägnanten Stelle hinlegen kann.

11. Die Arbeit soll nachwirken und nicht ausführlich besprochen werden, da Bilder und das körperliche Erleben auf einer eher emotionalen und intuitiven Ebene wirken. Kognitive Raster oder das Nachdenken über einen konkreten nächsten Schritt behindern eher diese Arbeit.

Beratung mit kleinen Figuren und im Sand

Szenisches Spiel ist eine Universalie. Überall auf der Welt greifen Kinder ab einer bestimmten Entwicklungsphase zu kleinen Gegenständen oder Figuren und spielen damit kleine Szenen, die reale und fantastische Erlebnisse darstellen. Erwachsene erinnern dies und versinken sehr schnell in dieser symbolischen Welt, die ihnen neue Aspekte ihrer Situation zeigt.
Die folgenden Beispiele für die Fülle von Möglichkeiten, mit szenischen Elementen lösungsfokussiert zu arbeiten, nehmen Anregungen aus der therapeutischen Praxis von Margret Lowenstein und Dora Kalff auf, die mit World Games und Sandspiel die therapeutischen Möglichkeiten kleiner Miniatur-Welten zunächst mit Kindern entwickelten. In neuerer Zeit sind die wichtigsten Praktiker*innen und Autor*innen für die expressive Sandarbeit Eva Pattis Zoja und für die narrative Sandarbeit Wiltrud Brächter.
Es entspricht der natürlichen Entwicklung von Kindern, mit Puppen und anderen kleinen Objekten Miniaturwelten zu bauen. Die an diese biografische Erfahrung anknüpfende szenische Arbeit kann ohne Worte eine große suggestive Kraft auch für Erwachsene entfalten.

Am wenigsten aufwändig ist die Arbeit mit szenischen Elementen auf einem Tisch oder auf dem Boden, gerne auch auf einer Filzunterlage oder einem Tuch, das das Spielfeld begrenzen kann.
Besorgen Sie Spielmaterial, das Sie in einer Kiste aufbewahren oder im Beratungsraum ausstellen können.

Hier eine kleine Auswahl an auffordernden Elementen:

- Kunstrasen, ein Stück Fell, Stoff
- Bauklötze und / oder Puppenmöbel
- Naturmaterialien wie Steine, Muscheln, Stäbe
- Wollfäden (die auch zur Spielfeldbegrenzung eingesetzt werden können)
- kleine Puppen, Tiere, Figuren
- kleine Stoffstücke als Decken

Gibt der Beratungsraum die Möglichkeit her, können die Miniaturszenen in Sandkästen gestellt werden. Am besten bewährt haben sich rechteckige Sandkästen. Ganz traditionell wäre ein Kasten in der Größe von ca. 72 × 57 × 9 cm, der innen blau gestrichen ist, so dass Flüsse, Seen und Meer gebildet werden können.

Übung 57 – Time-Line mit kleinen Symbolen (S)

Ziel: Schwierige und entspannte Zeiten in Familie und Beruf im Laufe der Zeit betrachten
Ausstattung: 2 verschiedenfarbige lange Wollfäden, kleine Figuren- oder Symbolauswahl, alternativ zu den Figuren: gemalte Symbole oder Ereignisse, die ausgeschnitten werden

Mit dem ersten langen Wollfaden wird auf dem Boden (Ideal: Teppich) eine Time-Line zu dem wichtigen Pflichten-Bereich gelegt, der betrachtet werden soll (eine Familie von Anfang bis in etwa einem Jahr, z.B. bei mental load / Pflegeleistungen, die Arbeitsstelle von Anfang bis in etwa einem Jahr). Dann werden mit kleinen Gegenständen und Figuren oder gemalten Symbolen Abschnitte gekennzeichnet, ebenso wie besonders glückliche und besonders unglückliche Momente. Dafür wird der zweite Faden in einer Wellenlinie oberhalb und unterhalb einer gedachten oder symbolisierten „Normallinie" bewegt. Oberhalb bedeutet „gute Zeiten" und unterhalb steht für „belastete Zeiten" . Die kleinen Figuren und Symbole erläutern wichtige Ereignisse.
Nun betrachten Sie mit der Klient*in die Time-Line als Ganzes. Welche Regelmäßigkeiten gibt es? Welche Zyklen, was wäre im Sinne eines gedachten Ausgleichs jetzt dran? Was wäre im Sinne einer guten Entwicklung jetzt dran?
Am Ende der Sitzung kann die Klientin gefragt werden:
„Wenn Sie könnten: wie würden Sie die Time-Line jetzt aus eigener Kraft verändern? Können Sie das einmal zeigen?"
„Was brauchen Sie für eine gute Entwicklung in dieser Richtung? Was wäre ein erster Schritt?"
„Wann wird die Zeit dafür gekommen sein?"

Übung 58 – Meine Wohnbiografie – Vergangenheit nutzen (S)

Ziel: Aus der Vergangenheit für die Gegenwart schöpfen / auch: Selbstberatung
Ausstattung: kleine Spielfiguren und Gegenstände, 2 Spielfelder aus Filz oder Stoff oder kleine Tücher, gerne auch ein Sandkasten (falls vorhanden)

1. Bereiten Sie sich eine Auswahl an kleinen Puppen, Gegenständen, Bauklötzen, Stoffen und ähnlichen Materialien vor, falls vorhanden auch einen Sandspielkasten.

2. Legen Sie auf einem Tisch oder im Sandkasten mit Hilfe einer Wollschnur eine Lebenslinie, die bis in die Gegenwart reicht.

3. Bauen Sie in der Gegenwart (üblich: auf der rechten Seite) in einer kleinen Szene auf, wie Sie zurzeit wohnen.

4. Welche Figur sind Sie selbst in dieser Szene?

5. Bilden Sie nun auf der dem linken Feld / links im Sandkasten eine Situation aus Ihrer Kindheit oder Jugend nach, in der Sie einen eigenen oder gemeinsamen Raum oder Ort hatten, in / an dem sie gerne gelebt oder sich gerne aufgehalten haben und der Ihnen Freude gemacht hat.

6. Wo sind Sie selbst in dieser Szene? Betrachten Sie diese Szene genauer. Was davon würden Sie gerne mit ins Heute nehmen?

7. Nehmen Sie aus der glücklichen Kindheits- oder Jugendszene alles mit, was Sie in der Gegenwart dabei haben möchten. Dafür können Sie überflüssige Dinge aus der Gegenwart entfernen (Variante: sie müssen behalten werden). Experimentieren Sie, bis Sie zufrieden sind und lassen das Bild auf sich wirken.

8. Wenn das Bild Ihrer Wohnsituation für Sie gelungen ist, machen Sie ein Foto davon. Sie können es ausdrucken und aufhängen.

Übung 59 – Meine Wohnbiografie – Zukunft nutzen (S)

Ziel: Emotionale Annäherung an Anliegen und Wunder, Lockerung eines Beratungssettings, Beratung „geheimer" Themen
Ausstattung: Freier Tisch, kleine Puppen, Tiere, Figuren, Puppenmöbel, Bauklötze, Watte, kleine Stoffstücke, Wollfäden und ähnliches Material

1. Die Klient*in schildert ihr Anliegen. Wenn das Anliegen, weil es beispielsweise zu beschämend oder schmerzhaft ist, geheim bleiben soll, geht die Berater*in sofort zu Punkt 2 über.

2. Die Berater*in fordert auf: „Suche dir aus diesen Figuren und Gegenständen alles aus, was du brauchst, um die heutige Situation in einer Ecke des Tisches / des Sandkastens symbolisch darzustellen. Mach es ganz intuitiv." Die Beraterin folgt dem Prozess des Aufbaus voller Sympathie, aber eher schweigend. Sie erfragt am Ende aber: „Wo bist du hier in diesem Bild?" und überlässt es der Klient*in, wie viel sie noch erzählen möchte.

3. Die Berater*in fährt fort: „Nun stelle in der anderen Ecke des Tisches / des Sandkastens in einem zweiten Sandkasten eine Wunderszene auf. Stell dir vor, alles entwickelt sich ganz wunderbar, noch besser, als du es dir heute vorstellen kannst. Wie wird dann dein Leben aussehen?" Für diese Szene müssen meist neue Elemente verwendet werden, da nur wenige Berater*innen ihre Figuren mehrfach besitzen. Wenn sie zufrieden ist, kann die Klient*in ein Foto der Wunderszene machen.

4. Nun fragt die Berater*in: „Stell dir vor, du hast Zauberkräfte, die es dir gestatten, die heutige Situation zu verbessern, indem du zwei Dinge aus der Wunderszene in die heutige Situation hineinstellst oder hineintauschst, was wirst du dann verändern? Probiere ruhig mehrere Möglichkeiten aus." „Wenn du zufrieden bist, lass die veränderte Szene einfach auf dich wirken."

5. Ist die Klient*in zufrieden, kann sie ein Foto der veränderten Situation machen. Vielleicht möchte sie beide Fotos ausdrucken und in ihrer Wohnung befestigen und wirken lassen.

Übung 60 – Die Geschichte geht gut weiter

Ziel: Emotionale Annäherung an das Schwere der heutigen Situation und Wunsch nach Rettung und Heilung
Ausstattung: Freier Tisch, kleine Puppen, Tiere, Figuren, Puppenmöbel, Bauklötze, Watte, kleine Stoffstücke, Wollfäden und ähnliches Material, wo vorhanden, Sandkasten

Wieder wird die Klientin aufgefordert, ihre heutige Situation mit kleinen Figuren und Möblierung aufzubauen. Von Wiltrud Brächter stammt die geniale Idee, dies mit Elementen der narrativen Beratung zu verbinden:

Verkünden Sie der Klient*in, die aufgebaute Szene sei nur eine Szene aus einem ganzen Film. Gemeinsame Aufgabe der Klient*in und der Berater*in sei es nun, diesen Film zu einem guten Ende zu bringen. Dazu können sich jetzt beide (Klient*in und Berater*in) aus den übrigen Figuren (außerhalb) je eine wundertätige und mächtige oder besonders schlaue Figur auswählen, die hilft, die Situation heute zu einem guten Ende zu bringen. Abwechselnd greifen jetzt die wundertätige Figur der Klientin und die der Therapeutin in die Szene ein, bewegen und bauen um. Lassen Sie den wundertätigen Figuren völlig freie Hand und schauen zu, wie sich die Szene zum Guten verändert. Sind alle zufrieden, ist ein gutes Ende erreicht und alle können die Szene auf sich wirken lassen.

Übung 61 – Ego States und inneres Team

Ziel: Emotionale Annäherung an widerstreitende Anteile in der Klient*in, Aussöhnung der Anteile und Planung der nächsten Situation(en)
Ausstattung: Freier Tisch, kleine angedeutete Bühne, kleine Puppen, Tiere, Figuren, nützlich: Bauelemente wie Bauklötze und ähnliches Material, um die Bühne abzuteilen

In Beratung und Therapie, aber auch in Dramen und Literatur finden wir seit der Antike das Bild widerstreitender Stimmen in einer Person. Waren es bei Freud Ich, Über-Ich und Es, bei Eric Berne das Kindheits-, Erwachsenen- und Eltern-Ich, die Anteile (parts) bei Virginia Satir, stets begleitet uns die Vorstellung von inneren Anteilen.

Schulz von Thun hat das Bild vom „Inneren Team" geprägt. Seit den Eheleuten Watson erforscht und behandelt die Ego-State-Therapie und -beratung die „Ego-States" als Persönlichkeitsanteile, die sich zu verschiedenen Zeiten in der Biografie gebildet haben und die passend zu ihrer Entstehungszeit beraten und angesprochen werden.

Leider kann an dieser Stelle nicht ausführlich auf diese wunderbaren Ansätze eingegangen werden, aber die neueren beraterischen Ansätze zur Teilearbeit gehen meist davon aus, dass jeder Persönlichkeitsanteil nur das Beste für „seine" Person möchte und sie schützen will.

Es passt sehr gut zur systemisch-lösungsfokussierten Philosophie, dass die meisten Eigenschaften aus gutem Grund ausgebildet werden oder wurden und je nach Kontext auch hilfreich sind.

Nun zur Übung:

Wir identifizieren gemeinsam mit der Klient*in Ego-States / innere Stimmen / innere Anteile und überlegen gemeinsam mit der Klientin:

Welche Stimmen (oder Ego-States) sollen in der aktuellen Situation nach vorne?
Welche warten besser hinter der Bühne?
Wann dürfen diese auch nach vorne?

Dies alles kann auch in einer Aufstellung mit kleinen Figuren gestellt werden. Hier kann die nächste relevante Situation durchgespielt und geübt werden.

Übung 62 – Szenische Arbeit zum Tetralemma (S)

Ziel: Lockerung festgefahrener Teufelskreise und Dilemmata, Emotionale Annäherung an unterschiedliche Handlungs- und Untätigkeits-Möglichkeiten in festgefahrenen Situationen und unmöglichen Entscheidungssituationen.
Ausstattung: Papier mit Buntstiften

Das Tetralemma, in die systemische Beratung eingeführt von Varga von Kibed, stammt ursprünglich aus der indischen Logik. Es beschäftigt sich hintereinander mit 5 verschiedenen Perspektiven und Optionen.
Diese sind:

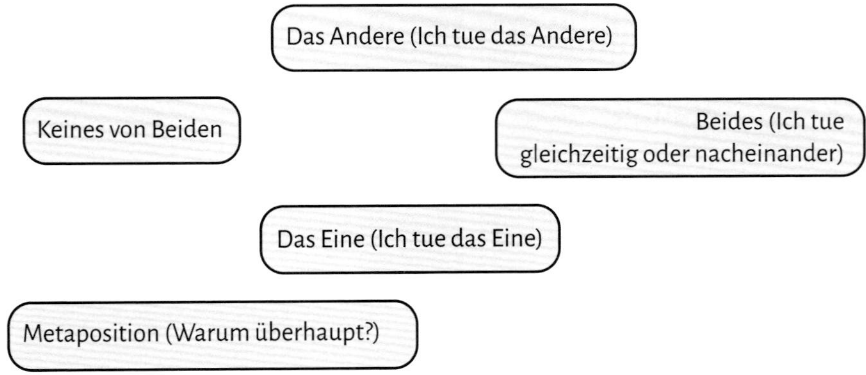

Hier ein mögliches Beispiel, wie dies in der Beratung genutzt werden kann. Ich habe ein harmloses Beispiel gewählt:

Kleiner Leitfaden zur Übung:
Tetralemma mit gemalten Symbolen (s.o.)

Thema „Gute Vorsätze – Gesundheit – Fitness – Burnout-Prävention“

- Wunderfrage - wie sieht das Leben aus, wenn der Vorsatz gelingt? (= eigentliches Ziel?)

1. Was hast du selbst schon geplant und versucht? (das Eine)
2. Was haben andere wichtige Personen schon geraten? (das Andere)
3. Wie wäre es, beides zu tun? Abwechselnd? Gleichzeitig? (Beides)

4. Wie wäre es, etwas ganz Anderes zu tun? (weder das Eine noch das Andere)
5. Warum beschäftige ich mich überhaupt damit? Wovon hält es mich ab? Was kommt danach? (Metaposition)

Für jede dieser Positionen wird ein Blatt skizziert / mit einem Symbol bemalt und in der Form des Tetralemmas im Raum ausgelegt. Die Klient*in kann sich auf jede dieser Positionen stellen, sich innerlich die Position vor Augen führen und nachspüren, welche Körperempfindungen sie auf jeder Position hat.

Burnout-Prävention

Immer mehr Klient*innen und Kolleg*innen klagen über Burnout. Burnout-Prävention sollte ein selbstverständlicher Teil sowohl der persönlichen Psychohygiene als auch der gesellschaftlichen Strukturen sein. Ich definiere „Burnout" im weitesten Sinne als „ein sich steigerndes Leiden bei und an den Pflichten". Dabei meint dies sowohl die tatsächlichen wie auch die subjektiv wahrgenommenen Pflichten.
Der Begriff Burnout sollte sich dabei nicht nur auf den Beruf und bezahlte Arbeit beziehen, sondern alle Pflichten und Verpflichtungen umfassen, die Menschen auch außerhalb des Arbeitslebens aufgebürdet werden oder die sie sich selbst aufbürden.
Unter dem Stichwort „Mental Load" und griffigen Titeln wie „Der 48-Stunden-Tag" (Arlie Russell Hochschild) wird besonders die Vielfachbelastung von berufstätigen Frauen thematisiert, die zusätzlich noch die Sozialbeziehungen und die hauswirtschaftliche Versorgung der ganzen Familie organisieren.

Burnout-Prävention soll also alle Formen tatsächlicher und vermeintlicher Pflichten umfassen. Meist geht die Gefahr von tatsächlicher oder vermeintlicher Überforderung aus, aber auch Unterforderung quält und gefährdet Menschen, die davon betroffen sind (manchmal bezeichnet als „Boreout").

Von Beginn an ist die Diskussion um Burnout gekennzeichnet von widersprüchlichen Modellen und Theorien, die sich mit der individuellen Gefährdung durch Burnout beschäftigen. So sehen einige Ansätze den Grund in der mangelhaften Organisation, Abgrenzung und Zeitstruktur von Individuen, während andere Modelle die Schuld bei ausbeuterischer Überlastung im Arbeitsleben und in der Familie sehen.

Modelle zur Burnout-Prävention waren lange Zeit defizitorientiert und stellten - je nach Theorie – die individuellen und strukturell-institutionellen Gefährdungs- und Risikofaktoren in den Mittelpunkt.

Systemisch-lösungsfokussierte Beratung zum Burnout geht den anderen Weg: Sie forscht detektivisch nach Ressourcen und Unterstützung als Maßnahme der Burnout-Prävention. Kein systemisches Beratungsmodell kann sich auf den Anteil des Individuums beschränken, sondern sieht das Individuum in seinem Geflecht von Beziehungen und Strukturen, die damit auch Gegenstand von Beratung werden.

Jörg Fengler hat in seinem Buch „Burnout-Prävention im Arbeitsleben – das Salamandermodell" ein wunderbares Modell geschaffen, das in 7 wichtigen Bereichen eine umfassende Analyse von Gefahren und Ressourcen ermöglicht. Als Grundlage für systemisch-lösungsfokussierte Gespräche lege ich in der Burnout-Prävention das Schwergewicht auf die Ressourcenseite von Fenglers Modell.

In der Beratung würde ich für alle 7 Bereiche ein Minimum von 3-4 Beratungssitzungen veranschlagen.

Übung 63 – Analyse nach dem Salamander-Modell (S)

Ziel: Blick auf alle wichtigen Schutzfaktoren richten / Selbstberatung
Ausstattung: ggf. Notizen

Von Jörg Fengler stammt das Salamander-Modell zur Burnout-Prävention.
Ein einfaches Modell beleuchtet in genialer Weise die wichtigsten Aspekte, die Burnout fördern oder vor Burnout schützen können.
Ich kann das Salamander-Modell von Jörg Fengler hier nur mit einer Auswahl seiner Aspekte wiedergeben, die aber lösungsfokussierte Gespräche fruchtbar anregen können. Während der Gespräche lauschen wir (eher implizit) den möglichen Schwierigkeiten und suchen detektivisch nach Ressourcen und Schutzfaktoren, die zur Prävention beitragen. Finden sich in mehreren Bereichen überwiegend Schwierigkeiten und Mängel, ist dies ein Hinweis auf ein „misfit" von Individuum und Pflicht oder auf strukturelle Ungerechtigkeit, was die Grundlage für nächste Schritte bilden kann.

Hier die 7 Bereiche:

Person

- Beispiele für Schutzfaktoren: gute Ausbildung, gute Abgrenzungsfähigkeit, persönliche Fort- und Weiterbildung, Gelassenheit, Humor, Tatkraft

- Beispiele für Gefahren: „Helfersyndrom", Perfektionismus, fehlende Ausbildung, mangelhafte Arbeitsorganisation

Privatleben

- Beispiele für Schutzfaktoren: guter Rückhalt bei Familie und Freunden, die auch auf berufliche Zufriedenheit und Überlastung achten

- Beispiele für Gefahren: „kein Zuhause", keine Freundschaft, belastende persönliche Beziehungen, Überlastung durch private Pflichten, Pflege und Zuständigkeit für den Haushalt und die Organisation des Familienlebens („mental load")

Zielgruppe im Beruf / und bei familiären Pflichten (mental load)

- Beispiele für Schutzfaktoren: freundliche Zielgruppe, die im Rahmen ihrer Möglichkeiten selbst aktiv wird, realistische Erwartungen hat, Sympathie hervorruft

- Beispiele für Gefahren: Antipathie gegen die Zielgruppe, unfreundliche, aggressive, unzuverlässige und ausbeuterische Zielgruppe mit unrealistischen Erwartungen

Team

- Beispiele für Schutzfaktoren: gutes freundliches und respektvolles Team, gibt Rückhalt, wacht über angemessenes Arbeitspensum für alle

- Beispiele für Gefahren: zerstrittenes Team, Klatsch, Intrigen, mangelnde Solidarität, fehlende Supervision / Beratung

Vorgesetzte

- Beispiele für Schutzfaktoren: freundliche Vorgesetzte, gibt Rückhalt und Vertrauen, organisiert Weiterbildungsmöglichkeiten und Supervision, gibt nützliche Rückmeldungen, sorgt für angemessenes Arbeitspensum und angemessene Bezahlung, hält den Rücken frei

- Beispiele für Gefahren: unfreundliche, abwertende oder stets abwesende Vorgesetzte, übt Druck aus, verweigert Weiterbildung und Supervision

Institution

- Beispiele für Schutzfaktoren: gute Absicherung durch Tarife, Arbeitsverträge und Arbeitsbedingungen, fördert Arbeitnehmervertretung, sorgt für Weiterbildung und Qualifizierung, beteiligt sich an gesellschaftlichen Innovationsprozessen

- Beispiele für Gefahren: schlechte Bezahlung und Arbeitsbedingungen, Leistungsdruck, Behinderung der Arbeitnehmervertretung („Union Busting"), unsichere Arbeitsverträge, keine Möglichkeit der Weiterbildung

Gesellschaft

- Beispiele für Schutzfaktoren: Gesetze und Medien schützen Zielgruppe, Gesetze und Öffentlichkeit schützen den Berufsstand, die Gesellschaft versucht gerechte Lebensbedingungen für alle zu verwirklichen

– Beispiele für Gefahren: Verelendung von Teilen der Gesellschaft, Rassismus, Chauvinismus, Ungleichbehandlung, Diskriminierung, Gesellschaft als „Gangsters' Paradise"

Wer sich oder andere vor Burnout schützen will, soll die Schutzfaktoren stärken und die Gefahren reduzieren.

Übung 64 – Burnout-Prävention durch Ressourcenpflege (S)

Ziel: Blick auf die wichtigsten Schutzfaktoren richten und diese stärken / Selbstberatung
Ausstattung: Moderationskarten

Ideal: Schaffen Sie für jeden der 7 Bereiche eine symbolische Karte. Wählen Sie eine Zeichnung, ein Foto aus oder lassen Sie die Klient*innen 7 Karten malen (z.B. auf Karteikarten blanco).

Bitten Sie dann die Klient*in, die beiden Bereiche herauszunehmen, die derzeit unproblematisch sind und mehr stützen als Energie rauben. Die Klientin schildert das nacheinander für die unterstützenden Bereiche.

Dann folgen 2 Fragen:

a) Was haben Sie selbst bisher dazu beigetragen, dass dieser Bereich unproblematisch ist und Sie eher unterstützt?

b) Wie können Sie diesen Bereich bewusst pflegen, damit er auch in Zukunft unproblematisch bleibt und Sie unterstützen kann?

Übung 65 – Burnout-Prävention durch Verantwortungsreduktion (S)

Ziel: Blick auf die Summe der übernommenen Verantwortung richten / Selbstberatung
Ausstattung: Moderationskarten

Eine lösungsfokussiertes Gespräch erforscht:

„In welchen Bereichen tragen Sie im Moment viel Verantwortung? Wo haben Sie viel Verantwortung übernommen?"

„Welche anderen Bereiche, die vielleicht im Moment weniger problematisch / bedürftig sind, wurden dabei bisher stiefmütterlich bedacht? Wo haben Sie vielleicht zu wenig Verantwortung übernommen?"

„Wie sieht es mit der Verantwortung für Ihre eigene Lebensqualität und Lebensfreude aus? Wie viel Verantwortung übernehmen Sie da?"

„Nehmen wir an, Sie bekommen 10 oder 20 Verantwortungspunkte pro Woche und Sie sind völlig frei, diese zu verteilen. Wie würden Sie diese ideal verteilen auf

a) fordernde Bereiche,
b) gut funktionierende, bisher vernachlässigte Bereiche,
c) die eigene Lebensfreude und Qualität?

In welcher Woche könnten Sie diese neue Aufteilung vielleicht einmal ausprobieren?"

Übung 66 – Burnout-Prävention durch Abschied von der Selbstverbesserung

Ziel: Gelassenheit und Nachsicht mit sich selbst / Selbstberatung
Ausstattung: -

Manche Menschen bringen sich in Burnout-Gefahr, indem sie zusätzlich zu Verantwortung, Mental Load und Leistungsdruck im Beruf auch noch an ihren vermeintlichen Schwächen arbeiten wollen, damit sie schneller, effizienter, smarter oder leistungsstärker werden.

Eine Beratungssequenz dazu könnte sein:

„Warum wollen Sie sich in diesem Bereich unbedingt verbessern?"
„Muss dieser Bereich wirklich verändert werden?"
„Was passiert, wenn sich nichts tut?"
„Wenn es unbedingt notwendig ist, dass hier eine bessere Leistung erfolgt, kann nicht

- delegiert werden?
- jemand von außerhalb engagiert werden?
- Arbeit getauscht werden?
- das Aufgabenprofil verändert werden?
- die Schwäche einfach akzeptiert werden?"

Übung 67 – Vom „inneren Antreiber“ zum „inneren Beschützer“

Ziel: Anfreunden mit inneren Anteilen / Selbstberatung
Ausstattung: Arbeitsblatt und Stift

Im Rahmen der Transaktionsanalyse (Berne / Harris) wurde von Taibi Kahler das Modell der 5 wichtigsten „Inneren Antreiber“ entwickelt, elterliche Verhaltensregeln, die uns ein Leben lang antreiben können.
Die psychologische und Ratgeberliteratur ist voll von guten Ratschlägen, wie man sich dieser lästigen Erscheinungen entledigen oder sie zumindest reduzieren kann.

Und dies sind die Inneren Antreiber:

- „Mach es allen recht“
- „Streng dich an“
- „Sei perfekt“
- „Beeil dich“
- „Sei stark“

Den meisten Klient*innen ist beim Vorstellen des Modells sofort deutlich, welcher wichtigste und welcher zweitwichtigste Antreiber ihren Alltag beherrscht.

Lösungsfokussierung entwickelt eine neue ressourcenorientierte Sicht auf die inneren Antreiber: Sie gelten fortan als „Innere Beschützer“
Antreiber waren (z. B. von den Eltern) einmal ausgesandt worden, um den Kindern ein gutes und sicheres Leben zu bescheren. Sie können kaum ganz ausgeschaltet werden, aber als Beschützer können die Antreiber wirklich unterstützen und ihre positiven Möglichkeiten zeigen.

Was entwickelt sich an Positivem aus den Antreibern?

Hier sind passende Beispiele:

1. „Sei perfekt!“ – wird zu: Genauigkeit und Fehlerlosigkeit
2. „Sei anderen gefällig!“ – wird zu: Freundlichkeit und Liebenswürdigkeit
3. „Streng dich an!“ – wird zu: Gründlichkeit und Durchhaltevermögen
4. „Sei stark!“ – wird zu: Stärke und Unabhängigkeit
5. „Beeil dich!“ – wird zu: Schnelligkeit und Fähigkeit, Chancen zu nutzen

Was könnten die Botschaften deiner Antreiber und ihrer Kehrseite, deiner Beschützer sein? Formuliere Sie:

Anstrengende Antreiber-Botschaft	Hilfreiche Beschützer-Botschaft

So stärke ich meine Beschützer / so zähme ich meine Antreiber:

So zähme ich meine Antreiber	So nutze ich meine Beschützer

Übung 68 – Zeit- und Lebensplanung nach Prioritäten

Ziel: Den eigenen Energieeinsatz reduzieren, Prioritäten setzen
Ausstattung: Arbeitsblatt und Stift

In Anlehnung an Covey hat Lothar Seiwert sein Zeitmanagement revolutioniert. Statt lästige Pflichten mit To-Do-Listen abzuhaken, vertritt Seiwert ein revolutionäres Modell: Den wichtigen Lebenszielen einen einzigen kleinen Termin pro Woche zu gönnen, bringt die Menschen weiter. Leblose Routinetätigkeiten erledigen sich sozusagen von selbst und erinnern sich von selbst. Kein Grund, die wichtigen langfristigen Ziele zu vernachlässigen!

Nach Covey / Seiwert sollte der Mensch sich auf 7 Lebensbereiche beschränken, für die er sich zuständig fühlt und wo er Beziehung pflegt und seine Lebensziele verfolgt. Wenn er in jedem dieser Bereiche jede Woche einen Schritt weiterkommt, dann entwickelt sich sein Leben in die richtige Richtung.

Hier die konkrete Anleitung:

Nennen Sie die maximal 7 Lebensbereiche, in denen Sie Verantwortung übernehmen möchten. Sind es mehr als 7, stellen Sie die am wenigsten Drängenden zurück.

Benennen Sie dann für jeden dieser Bereiche eine winzig kleine Sache, einen Anfang von etwas, das Sie in der nächsten Woche einplanen können. Es muss nicht groß sein (der Anfang von etwas, der erste Schritt). Planen Sie diese Sache als oberste Priorität in Ihrem Terminkalender ein.

Übung 69 – Zeit- und Lebensplanung nach Werten

Ziel: Die eigenen Werte erkennen / Selbstberatung
Ausstattung: Arbeitsblatt, 16 kleine Zettel und Stift

Aus Sicht der ACT (Acceptance and Commitment Therapy) profitiert Burnoutprävention davon, wenn wir unser Leben von Werten leiten lassen. Eine Methode, die eigenen wichtigsten Werte zu entdecken, ist eine Reduktionsübungen, die es uns ermöglicht, unsere essenziellen Werte herauszufiltern.

1. Bitten Sie Ihre Klient*in, ihre 16 wichtigsten Werte oder Personen aufzuschreiben und in 4 Reihen auszulegen:
2. *1. Reihe:* 4 Personen
3. *2. Reihe:* 4 materielle Dinge
4. *3. Reihe:* 4 eigene Hobbys, Tätigkeiten, Fähigkeiten
5. *4. Reihe:* 4 wichtige gesellschaftliche Anliegen

6. Schritt

Nun soll die Klient*in aus jeder Reihe 1 Element herausnehmen. Dann weitere 4 beliebige herausnehmen.
Dann das Schicksal noch weitere 4 herausnehmen lassen.

7. Wie ist es für die Klient*in, nur noch diese Aspekte übrig zu sehen?
8. Bei allen Nachteilen: Welche Vorteile hätte ein Leben, in dem die Werte so begrenzt sind?
9. Was ist der zentrale Zettel? Was ist der Klient*in besonders wichtig?
10. Was kann sie in dieser Woche tun, um in Handlungen auszudrücken, wie wichtig ihr dieser Bereich ist?

Lösungsfokussierte Anregungen für Gruppen

In diesem Praxisband finden Sie vor allem Anregungen für die Einzelberatung und für Lerngruppen in der Ausbildung. In diesem Kapitel sollen einige wenige Impulse für die Arbeit mit Gruppen dargestellt werden. Kollegiale Beratung und klassische lösungsfokussierte Erstberatungen für Familien und Paare sollen einen Eindruck von den Möglichkeiten lösungsfokussierter Beratung in Gruppensettings vermitteln.

Übung 70 – Blitzlicht mit Skalen für eine ganze Gruppe

Ziel: Routine im Umgang mit Skalen gewinnen, Lernprozesse begleiten
Ausstattung: freier Platz in der Raum-Mitte bzw. auf einem Flur oder im Freien

Ein Blitzlicht ist eine wunderbare Möglichkeit, Momentaufnahmen vom Lernprozess in der Gruppe und beim Einzelnen zu machen.
Während einzelne Teilnehmer*innen bei der klassischen Blitzlicht-Runde ihre individuelle Sicht darlegen können, bietet sich da, wo mehr der Gruppenprozess im Mittelpunkt steht, die Arbeit mit Skalen als zeitsparendes und prägnantes Mittel an, um Situationen schnell zu verdeutlichen.

Gezeigt oder gekennzeichnet wird auf dem Boden des Seminarraumes (evtl. durch Krepp-Band, einen langen Wollfaden oder Seile), wo jeweils die 0 und die 10 der Skalen liegen. Die Gruppe wird jeweils gebeten, sich in Beantwortung der gestellten Skalierungs-Frage auf der Linie aufzustellen.
Ein Skalierungs-Blitzlicht kann durch die Seminarleiterin, aber auch durch jedes Mitglied der Lerngruppe angeregt werden.

Drei Beispiele:

1. „Heute Nachmittag haben Sie eine Übung zu Ressourcen in der Biografie gemacht. Wie förderlich fanden Sie diese Übung? Stellen Sie sich bitte auf unserer Raumskala so auf, dass die 10 bedeutet: sehr förderlich und die 0 = in keiner Weise förderlich."

2. „Stellen Sie sich bitte auf unsere Raumskala, auf der die 10 dafür steht: Ich brauche jetzt sofort eine Pause und die 0 dafür steht: Ich kann sehr gut noch weiterarbeiten."

3. „Stellen Sie sich bitte auf unsere Raumskala, auf der die 10 dafür steht: Ich arbeite sehr häufig mit Gruppen, und die 0 dafür steht: Ich arbeite nie mit Gruppen."

Auch zum Kennenlernen neuer Gruppen eignen sich beliebige Skalen, die die Gruppenmitglieder gerne selbst entwerfen:

4. „Stellen Sie sich bitte auf unsere Wiesenskala. Die 10 ist hinten an der Hecke, die 0 ist hier und stellen Sie sich zu folgender Frage auf: die 10 steht dafür: Ich bin eine begeisterte Gärtnerin und die 0 steht dafür: Ich habe kein Händchen für Pflanzen."

5. „Stellen Sie sich bitte auf unsere Hofskala. Die 10 ist bei der Garage, die 0 ist hier und stellen Sie sich zu folgender Frage auf: die 10 steht dafür: Ich bin eine begeisterte Hundeliebhaberin und die 0 steht dafür: Ich mag Hunde nicht."

Abwandlung: Sie betrachten die Mitte des Seminarraums / der Wiese / des Hofs als Mitte einer Zielscheibe. Die Mitte steht für 10, der Rand für die 0. Die Personen stellen sich je nach Skalenwert zwischen Mitte und Rand an beliebigen Punkten der Zielscheibe auf.

Mit Hilfe einer auf Papier gemalten Zielscheibe, die an der Außentür des Seminarraums befestigt ist, kann die Seminarleiter*in bei einer sehr zurückhaltenden Gruppe schnell und anonym ein Gruppen-Feedback einholen zu Punkten wie: 10 steht für: „Ich freue mich sehr auf morgen" – 0 steht für das krasse Gegenteil. Oder: 10 steht für: „Ich sehe den Nutzen für meine Praxis" – 0 steht für das krasse Gegenteil.

Entwerfen Sie zu zweit eine Frage für eine anonyme Skalierung im Raum oder an der Tür, die genau für die derzeitige Seminarsituation passt.

Übung 71 – Fallbesprechung und kollegiale Beratung - Langform

Ziel: aus der lösungsfokussierten Philosophie und Praxis heraus kollegiale Beratungen und Fallbesprechungen so gestalten, dass die Moderator*in ein lösungsfokussiertes Anfangsgespräch führt, aber dann auch Kolleg*innen ohne lösungsfokussierte Vorkenntnisse gut mitberaten können
Ausstattung: Arbeitsblatt und Notiz-Material, ein „Redestein"
Teilnehmer*innen: ideal für 5 bis 6 Teilnehmer*innen, eine Moderator*in

Das nachfolgende Modell ist einzusetzen in der

- alltäglichen psychosozialen Fallbesprechung und Intervision
- in der kollegialen Beratung

Das Modell der lösungsfokussierten Fall- und Projektbesprechung geht - wie die lösungsfokussierte Beratung insgesamt - davon aus, dass Gruppenmitglieder und Klient*innen mit einem Anliegen bereits über alle Elemente zu einer Lösung verfügen. Im Mittelpunkt der Gruppenarbeit / Supervision stehen die Klärung des Ziels, Betonung der bereits gelungenen Ansätze, Bestärkung der bereits erfolgreich eingesetzten Fähigkeiten und das Identifizieren der nächsten kleinen Schritte in Richtung Ziel.

Gleichzeitig bietet die lösungsfokussierte Fallbesprechung aber auch eine Möglichkeit, Ratschläge und Tipps aus der Gruppe zu nutzen, ohne dass diese bevormundend wirken, zu „Ja, aber ..."-Schleifen führen oder anderen Schaden anrichten können. Dies wird bewirkt durch eine lösungsfokussierte Klammer, die von der Moderator*in gesetzt wird (s. Punkt 12).

Insgesamt stärkt diese Art der Fallbesprechung durch den Blick auf Ressourcen und Fähigkeiten der einzelnen Kolleg*innen Zusammenhalt und gute Teambeziehungen.

Die folgende Schrittfolge ist eine Möglichkeit, den lösungsfokussierten Ansatz von Steve de Shazer und Insoo Kim Berg in der kollegialen Beratung und Fallbesprechung umzusetzen. In der Praxis können Sie selbst Abwandlungen vornehmen und unterschiedliche Fragetypen einbauen. Folgende Elemente sind besonders nützlich:

1. Positive Veränderungen vor der Gruppensitzung

2. Möglichst konkrete Beschreibung des Ziels

3. Messen des Fortschritts durch Skalierungen

Die Gruppe sollte eine arbeitsfähige Größe haben. Bei diesem langen Modell sind 4-5 Teilnehmer*innen plus Moderation eine ideale Größe. Bei größeren Gruppen habe ich gute Erfahrungen mit folgendem Vorgehen gemacht: Wo eine große Gruppe ist, sind auch viele Fälle oder Beratungsanliegen vorhanden. Von daher bietet sich eine (Zufalls-)Aufteilung in zwei Beratungsteams an, die parallel arbeiten können.

Eine Expert*in oder ein Mitglied der Gruppe übernimmt die Moderator*innen-Rolle. Die Moderator*in ist auch Teilnehmer*in und darf Fragen stellen, wenn bei der Fragerunde die Reihe an sie kommt.

Ein Mitglied der Gruppe äußert den Wunsch (erklärt sich bereit), ein Anliegen in der Gruppe vorzustellen.

Die Moderator*in versichert die Vertraulichkeit und erläutert kurz die einzelnen Schritte des Modells, falls diese noch nicht bekannt sind (Interview, Informationsfragen durch die Gruppe, Rückmeldung mit ehrlichen Anerkennung und Ratschlägen).

Interview-Phase

1. Ein Mitglied der Gruppe stellt einen Fall (ein Anliegen) vor. Im psychosozialen Bereich sind häufig langatmige Fallvorstellungen an der Tagesordnung. Hier empfiehlt sich eine klare Zeitbegrenzung (z. B. 5, maximal 10 Minuten) mit der Begründung, dass in diesem Modell eher eine Falldarstellung durch Fragen im Mittelpunkt steht.

2. Die Moderator*in fragt nach dem Ziel der heutigen Fallbesprechung oder kollegialen Beratung:

   „Was kann heute hier geschehen, dass du dir heute Abend sagst: Wie gut, dass ich diesen Fall eingebracht habe."

3 a. Die Moderator*in stellt die Wunderfrage in abgewandelter Form, eingeleitet z. B. durch:

   „Stell dir vor, alles läuft ganz optimal, als sei ein Wunder geschehen. Wie würde die Sache dann aussehen?"

3 b. Ist die Moderator*in im lösungsfokussierten Ansatz vertraut, kann sie auch die wirksame klassische Form der Wunderfrage einsetzen:

„Damit wir deine Wünsche für den Fall besser erfassen können, bitte ich dich jetzt, dir Folgendes vorzustellen (Pause): Am kommenden Wochenende (Pause), während du deine übliche Freizeit verbringst (Pause), geschieht ein Wunder (Pause). Alle Schwierigkeiten bei diesem Fall / bei deinem Anliegen sind beseitigt (Pause) und alles läuft ganz wunderbar (Pause), ganz wie du es dir wünschst, (Pause) einfach optimal (Pause). Woran merkst du am Montag als Erstes, das ein Wunder geschehen ist? Und wie sieht dann die Sache in einem Monat / einem Jahr aus?"

„Und was ist noch anders nach dem Wunder?"

4. Die Moderator*in fragt weiter: „Stell dir eine Skala zwischen 0 und 10 vor, bei der 10 für das Wunder steht und 0 für den schlimmsten Tag, den du in dieser Sache je hattest. Wo zwischen 0 und 10 kannst du die Sache heute einordnen?"

5. „Und mit wie viel von 10 wirst du zufrieden sein?"

6. Die Moderator*in fragt weiter: „Welche Person (außer dir selbst) hat geholfen, dass die Sache auf (x) ist und nicht auf 0?"

Hier wie auch bei den nächsten Fragen ist ganz wichtig, keine Erklärungen nachzuschieben, sondern der Kolleg*in wirklich Zeit zur Beantwortung zu geben. Je länger eine Antwort braucht, umso mehr neues Wissen wird produziert.

7. Die Moderator*in fragt weiter: „Welcher glückliche Umstand hat geholfen, dass die Sache auf (x) ist und nicht auf 0?"

Diese Frage ist ganz bewusst offen gestaltet und sollte auch bei Ratlosigkeit der Kolleg*in stehen gelassen werden, da erfahrungsgemäß jede Kolleg*in hier wichtige Ressourcen des Falles benennt.

8. Die Moderator*in fragt weiter: „Welche eigene Aktivität von dir hat geholfen, dass die Sache auf (x) ist und nicht auf 0?"

9. Die Moderator*in fragt (falls es eine Fallbesprechung ist) weiter: „Welche Aktivität der Klient*in hat geholfen, dass die Sache auf (x) ist und nicht auf 0?"

10. Nun dürfen alle Mitglieder der kollegialen Gruppe reihum Informations-Fragen stellen. Dafür eignet sich ein Redestein gut, der – einer alten indianischen Tradition folgend – reihum weitergegeben wird. Wer ihn hat, darf eine Frage stellen, muss aber nicht.

Bei offenen oder verdeckten Ratschlägen bittet die Moderator*in, diese zurückzustellen und für später festzuhalten.

Rückmeldephase

Sind alle Fragen gestellt oder spätestens nach 45 Minuten Gesamtarbeitszeit schließt die Moderator*in die Frage-Runde und bittet alle Beteiligten, ein ehrliches Lob sowie einen Tipp, Ratschlag oder Denkanstoß für die Kolleg*in zu überlegen.

11. Runde mit ehrlicher Anerkennung: Alle Mitglieder der Beratungsgruppe (einschließlich Moderator*in) formulieren reihum mit Redestein für die fallbearbeitende Kolleg*in mindestens eine ehrliche und ernsthafte Anerkennung. Keine Angst vor Doppel-Nennungen!

12. Runde mit Tipps, Denkanstößen und Ideen: Erst in einer weiteren Runde nennen die Mitglieder der Beratungsgruppe die Tipps, Denkanstöße oder Ideen, die ihnen eingefallen sind. Diese werden nicht diskutiert. Die Moderator*in sollte auch die Kolleg*in mit dem Anliegen davon abhalten, Vorschläge zu bewerten oder Erwiderungen zu geben. Idealerweise wird dies durch eine lösungsfokussierte Klammer eingeleitet:

    „Vielen von uns sind jetzt Tipps und Ideen eingefallen, die uns nützlich erscheinen. Das heißt aber nicht, dass diese Vorschläge auch für dich nützlich sein werden. Deshalb werden wir sie nicht diskutieren. Höre sie einfach an und notiere dir gerne, was dir gefällt oder was du später noch einmal bedenken möchtest."

13. Die Moderator*in erbittet eine kurze Rückmeldung (auch hier keine Vorschläge bewerten!) der Kolleg*in, die beraten wurde und dankt der ganzen Gruppe.

Moderationsleitfaden Fallbesprechung – Langform

1. Vertraulichkeit zusichern (**„Alles, was wir hier besprechen, bleibt in diesem Raum"**) und den Fall / das Anliegen *kurz* schildern lassen (Zeitbegrenzung auf 5–10 Minuten, *Zeitwächter**in der Gruppe achtet auf die Einhaltung).
2. **„Was muss heute hier geschehen, damit du dir sagst: Das war eine gute Idee. Es hat sich gelohnt die Sache hier vorzustellen?"**
3. **„Stell dir vor, alles läuft ganz optimal, als sei ein Wunder geschehen. Wie würde die Sache dann aussehen?"**
4. Skala: 10 = das Wunder 0 = das krasse Gegenteil, der schlimmste Tag mit dem Fall

   „Wo zwischen 0 und 10 kannst du die Sache heute einordnen?"
5. **„Mit wie viel von 10 wirst du zufrieden sein?"**
6. **„Welche Person (außer dir selbst) hat geholfen, dass die Sache auf (x) ist und nicht auf 0?"**
7. **„Welcher glückliche Umstand hat geholfen, dass die Sache auf (x) ist und nicht auf 0?"**
8. **„Welche eigene Aktivität von dir hat geholfen, dass die Sache auf (x) ist und nicht auf 0?"**
9. **„Welche Aktivität der Klient*in hat geholfen, dass die Sache auf (x) ist und nicht auf 0?"**
10. Alle dürfen (müssen nicht) reihum Informations-Fragen stellen.
11. Eine Runde mit *ehrlicher* Anerkennung.
12. Eine Runde mit Tipps und Ratschlägen, die *nicht* diskutiert werden.
13. Kurze Rückmeldung der Kolleg*in. Dank der Moderation an alle.

Übung 72 – Fallbesprechung und kollegiale Beratung – Kurzform

Ziel: aus der lösungsfokussierten Philosophie und Praxis heraus kollegiale Beratungen und Fallbesprechungen einfach und reduziert so gestalten, dass weder Moderation noch Kolleg*innen lösungsfokussierte Vorkenntnisse brauchen
Ausstattung: Arbeitsblatt und Notiz-Material, ein Redestein
Teilnehmer*innen: ideal für 5 bis 10 Teilnehmer*innen und eine Moderator*in

Das nachfolgende Modell ist einzusetzen in der

- psychosozialen Fallbesprechung
- in der kollegialen Supervision und
- in der kollegialen Beratung durch eine Gruppe / ein Team

Bei der Kurzform, die keinerlei Vorbildung im lösungsfokussierten Modell verlangt, wird das Anliegen eher erfragt als berichtet. Auch hier sorgt die Moderator*in für eine kurze Schilderung des Anliegens (5 bis max. 10 Minuten) und bittet, dass das Team durch Fragen den Fall / das Anliegen erkunden darf.

Die Rolle der Moderator*in beschränkt sich auf:

- Begrüßung
- Zusicherung der Vertraulichkeit
- Erläuterung des Ablaufs
- Moderation der Runden
- Abschluss

Hier der Kurzleitfaden dazu:

Moderationsleitfaden Fallbesprechung – Kurzform

1. **„Herzlich willkommen zur kollegialen (Fall-)Beratung. Alles, was wir hier besprechen, bleibt in diesem Raum. Wir haben bis zu 45 (60) Minuten Zeit. Wir wollen das Thema durch Fragen und weniger durch Berichte erfahren. Kannst du also bitte ganz kurz schildern, worum es geht?“**
2. **„Was müsste heute hier bei dieser kollegialen Beratung herauskommen, damit du dir sagst: Das war eine gute Idee, das hier zu erzählen. Jetzt bin ich weiter.“**
3. Alle dürfen (müssen nicht, der Redestein geht mehrfach herum) reihum Informations-Fragen stellen. Bitte keine Fragen, die verkleidete Ratschläge darstellen wie: Hast du schon einmal daran gedacht, ...? Ratschläge bitte für die Ratschlagrunde zum Schluss aufheben.
4. **„Nun kommen die Fragerunden.“**
5. **„Nun kommt eine Runde mit *ehrlicher* Anerkennung.“**
6. **„Jetzt kommt eine Runde mit Tipps und Ratschlägen, Dinge, die *wir vielleicht* an deiner Stelle tun würden. Es ist aber keineswegs sicher, dass für dich etwas dabei ist. Deshalb wollen wir die Tipps auch nicht diskutieren. Notiere dir gerne, was du später noch einmal ansehen möchtest.“**
7. Ganz kurze Rückmeldung der Kolleg*in, die das Anliegen hatte. Dank der Moderation an alle.

Übung 73 – Familienberatung – erste Sitzung mit einer Familie

1. Stellen Sie sich der Familie vor und bedanken Sie sich, dass alle gekommen sind. Sichern Sie Vertraulichkeit zu und skizzieren Sie kurz Ablauf und Zeitrahmen der Beratung. Teilen Sie der Familie kurz mit, was Sie schon über den Beratungsanlass wissen und geben Sie der Familie (allen, die möchten) auch Gelegenheit, ihr Anliegen zu erläutern. Fassen Sie das Anliegen, wo es geht, in Ihren eigenen Worten zusammen mit:

„Sie wünschen sich mehr …" „Sie möchten besser …"

Idealerweise finden Sie hier ein Anliegen, dass alle Familienmitglieder, die gekommen sind, teilen. Falls das schwierig ist, passt vielleicht eine der folgenden Formulierungen:

„Sie möchten besser miteinander zurechtkommen."
„Sie wünschen sich mehr gute Entwicklungen in Ihrer Familie."

2. Fahren Sie dann fort und beginnen Sie bei der Person, die am meisten erzählt hat:

„Zunächst möchte ich Sie gerne kennenlernen. Herr / Frau …, was machen Sie beruflich?"

(Bei Menschen, die zurzeit nicht / nicht mehr arbeiten:)

„Als was haben Sie zuletzt gearbeitet?"

3. Dann fragen Sie (zirkulär) jedes andere Mitglied der Familie:

„Was macht / kann er, sie wohl gut als (Hausfrau, Schülerin, Maurer …) ?" (bzw.: „Was hat er / sie wohl gut gemacht als …)"

Von Insoo Kim Berg haben wir gelernt: Egal, wie lange eine Person hier zur Beantwortung braucht, sie wartet stets mit freundlicher Zuversicht, bis jedes Familienmitglied eine – egal wie kurze – Anerkennung ausgesprochen hat.
Diese gegenseitige Anerkennung bildet die Basis für eine gute Gesprächsatmosphäre.

4. Nachdem Sie mit dieser Runde fertig sind, stellen Sie allen die Wunderfrage. Es empfiehlt sich, mit den Kindern anzufangen, denn sie haben einfache Wunder. Wortkarge Jugendliche werden dagegen besser später angefragt. Eine schöne Einleitung für die Wunderfrage wäre beispielsweise:

„Sie alle möchten in Ihrer Familie gut und zufrieden zusammen leben. Nun stellt sich aber sicher jeder und jede von Ihnen darunter etwas anderes vor. Dazu bitte ich Sie um ein kleines Experiment. Fangen wir mit dir, .../ Ihnen, Herr / Frau ... an!
Stellen Sie sich vor, Sie gehen heute nach Hause, tun die üblichen Sachen und Sie gehen schlafen und über Nacht passiert ein Wunder. Sie wachen morgen früh auf und in Ihrer Familie ist alles so, wie Sie es sich wünschen. Wie sieht ihr Tag morgen / ihre nächste Woche dann aus?"

5. Fragen Sie mit einer Skalierung nach dem heutigen Stand:
„Wir haben hier eine Skala von 0 bis 10. Wenn 10 für das Wunder steht und 0 für die schlimmste Zeit in Ihrer Familie, wo würden Sie sich heute einordnen?"

„Nennen Sie mir doch zwei Dinge, die Sie auf Ihrer Skala einen Punkt höher bringen können, so dass Sie auf (x+1) sind und nicht mehr auf (x)?"

6. Stellen Sie diese Wunder- und Skalierungsfragen reihum jedem Mitglied der Familie.

7. Fragen Sie dann jedes Mitglied der Familie:
„Was ist Ihnen in dieser allerersten Sitzung noch wichtig? Was müsste ich noch wissen?"

PAUSE

8. Bedanken Sie sich und ziehen Sie sich in die Pause zurück.

9. Äußern Sie für die Familie als Ganzes mindestens eine ehrliche Anerkennung. Schulen Sie hier ihre Aufmerksamkeit für Ressourcen.

Wo die Familie sich ständig ins Wort fällt und streitet, wäre beispielsweise eine Anerkennung:

„Sie haben alle klare Vorstellungen von dem, was Sie wollen und was Sie nicht wollen und stehen auch dazu. Sie haben alle keine Angst vor Konflikten. Das ist in der Familie sicher manchmal anstrengend, aber im Leben draußen oft auch sehr nützlich."

Wo die Familie sehr still und zurückhaltend ist, wäre beispielsweise eine Anerkennung:

„Sie warten erst einmal ab und sind vorsichtig in ihren Äußerungen. Das macht es in der Familie sicher manchmal schwierig zu verstehen, was die anderen gerade möchten, aber insgesamt ist es oft sehr nützlich, vorsichtig zu sein und erst einmal abzuwarten. Das bewahrt vor manchen Enttäuschungen."

Wo in der Familie eine / einige Person/en stets das Wort an sich reißen, während andere schweigen, wäre beispielsweise eine Anerkennung:

„Sie haben in der Familie alles Nützliche zusammen: Menschen, die klar zur ihren Vorstellungen stehen und keine Angst vor Konflikten haben und andere, die mehr die leisere Stimme der Vorsicht und Zurückhaltung üben. In der Gesamtfamilie ist das sicher manchmal schwierig, aber grundsätzlich ist es sehr nützlich, wenn solche unterschiedlichen Fähigkeiten in einer Familie zusammenkommen.

10. Äußern Sie dann für jedes einzelne Mitglied eine ehrliche Anerkennung.

11. Geben Sie nun, falls das Anliegen und Ihre Fachlichkeit das nahelegt, eine Botschaft als Expert*in. Es ist nützlich, wenn Sie diesen Rollenwechsel (von der Beraterin zur Expert*in) auch markieren, beispielsweise so:

„Als Expert*in für Lernschwierigkeiten in der Schule kann ich Ihnen sagen: ..."
„Als erfahrene Familienberater*in möchte / kann ich Ihnen sagen: ..."

12. Geben Sie, wenn es passt, eine kleine Aufgabe, die Sie als Experiment bezeichnen. Schön ist als Standardaufgabe in einer ersten Familiensitzung:

„Beobachten und merken Sie sich bis zum nächsten Mal alles, was Ihnen in der Familie so gut gefällt, dass Sie es öfter haben möchten."

13. Bedanken Sie sich, stehen Sie auf und verabschieden Sie sich von jedem Familienmitglied mit Handschlag, Augenkontakt und Lächeln.

Übung 74 – Paarberatung – erste Sitzung mit einem Paar

1. Stellen Sie sich dem Paar vor und bedanken Sie sich, dass beide gekommen sind. Sichern Sie Vertraulichkeit zu und skizzieren Sie kurz Ablauf und Zeitrahmen der Beratung.
Teilen Sie kurz mit, was Sie schon über den Beratungsanlass wissen und geben Sie beiden Gelegenheit, ihr Anliegen zu erläutern. Lassen Sie zuerst den / die Partner*in zu Wort kommen, die zuerst das Wort ergreift.
Fassen Sie das Anliegen, wo es geht, in Ihren eigenen Worten zusammen mit:

„Sie wünschen sich mehr ...“ „Sie möchten besser ...“

Idealerweise finden Sie hier ein Anliegen, dass jede/r der Partner*innen, die gekommen sind, teilen. Falls das schwierig ist, passt vielleicht eine der folgenden Formulierungen:

„Sie möchten besser miteinander zurechtkommen.“
„Sie wünschen sich mehr gute Entwicklungen in Ihrer Beziehung.“

2. Fahren Sie dann fort und beginnen Sie mit Anerkennung in unproblematischen Bereichen. Beginnen Sie bei dem/r Partner*in, die eher wenig erzählt hat:

„Zunächst möchte ich Sie gerne kennenlernen. Herr / Frau ..., was machen Sie beruflich?“

(bei Menschen, die zurzeit nicht / nicht mehr arbeiten:)

„Als was haben Sie zuletzt gearbeitet ?“

3. Dann fragen Sie den / die Partner*in, die eher mehr erzählt hat:

„Was macht / kann er, sie wohl gut als (Hausfrau, Schülerin, Maurer ...)?“ (bzw.: „Was hat er / sie wohl gut gemacht als ...)“

Von Insoo Kim Berg haben wir gelernt: Auch wenn eine Person lange zur Beantwortung braucht, sie wartet stets mit freundlicher Zuversicht, bis jede/r Partner*in eine – egal wie kurze – Anerkennung ausgesprochen hat.
Diese gegenseitige Anerkennung bildet die Basis für eine gute Gesprächsatmosphäre.

4. Fahren Sie nun fort in der Erkundung einer unproblematischen Zeit. Beginnen Sie wieder mit der mitteilungsfreudigeren Partner*in:

„Seit wann sind Sie ein Paar?“ „Und wie haben Sie sich kennen gelernt?“ „Was fanden Sie besonders interessant und anziehend?“

Lassen Sie diese Frage von beiden Partner*innen beantworten.

4. Nachdem Sie mit dieser Runde fertig sind, stellen Sie beiden Partner*innen die Wunderfrage. Eine schöne Einleitung für die Wunderfrage ist beispielsweise:

„Die meisten Menschen, die zur Paarberatung kommen, wünschen sich eine schöne Paarbeziehung. Unsere Erfahrung sagt uns aber, dass sich jeder und jede von Ihnen darunter etwas anderes vorstellt. Dazu bitte ich Sie um ein kleines Experiment. Fangen wir mit Ihnen, Herr / Frau ... an!
Stellen Sie sich vor, Sie gehen heute nach Hause, tun die üblichen Sachen und Sie gehen schlafen und über Nacht passiert ein Wunder. Sie wachen morgen früh auf und in Ihrer Familie ist alles so, wie Sie es sich wünschen. Wie sieht ihr Tag morgen / ihre nächste Woche dann aus?"

5. Fragen Sie mit einer Skalierung nach dem heutigen Stand:
„Wir haben hier eine Skala von 0 bis 10. Wenn 10 für das Wunder steht und 0 für die schlimmste Zeit, die Sie als Paar erlebt haben, wo können Sie sich heute einordnen?"

6. Stellen Sie diese Wunder- und Skalierungsfragen nun auch dem / der anderen Partner*in.

7. In der Regel hat eine/r der beiden Partner*innen einen dringenden Veränderungswunsch, der / die andere Partner*in weniger. Um dies zu normalisieren, können Sie vielleicht fragen:

„Es ist schon ein Wunder, wenn das Verlieben für zwei Menschen zu einem ähnlichen Zeitpunkt richtig ist. Für andere wichtige Entscheidungen und Entwicklungen – Kinderwunsch, Paarberatung, Trennung haben Partner*innen in der Regel jeweils unterschiedliche gute Zeitpunkte. Deshalb interessiert mich:
Für wen von Ihnen beiden ist das jetzt gerade der richtige Zeitpunkt für eine Paarberatung?" „Können Sie das erläutern?"

Fragen Sie dann den / die Partner*in: „Und was meinen Sie dazu?"

8. Erfragen Sie danach das Ziel für die heutige Stunde: „Für mich ist diese Sitzung zum gegenseitigen Kennenlernen wichtig. Was möchten Sie aus dieser Sitzung außerdem noch mitnehmen, damit sie sich sagen: Das hat sich gelohnt?"

9. Stellen Sie diese Frage auch dem / der anderen Partner*in.

10. Wenn der Auftrag von beiden Partner*innen zurückhaltend und klein formuliert wird (erste Ideen, kennenlernen, Kontakt herstellen), fragen Sie weiter bei Punkt 11.
Ist der Auftrag von einem oder beiden Partner*innen sehr veränderungsorientiert formuliert, ist eine Möglichkeit:

„Nennen Sie mir doch drei Dinge, die Ihr/e Partner*in tun könnte, von denen jedes einzelne Sie auf der Skala Ihrer Zufriedenheit in der Partnerschaft einen Punkt höher bringen können, so dass Sie auf (x+1) sind und nicht mehr auf (x)?“ Notieren Sie die 3 Punkte und fassen Sie in freundlicher Form zusammen.

Fragen Sie auch den / die Partner*in: „Und welche drei Dinge würden Sie nennen?“

„Vielleicht kann jede/r von Ihnen sich jeweils eine Sache aussuchen, von der sie sagen: Das könnte ich einmal versuchen!“

11. Fragen Sie dann jede/n Partner*in:

„Was ist Ihnen in dieser allerersten Sitzung noch wichtig? Was müsste ich noch wissen?“

PAUSE

12. Bedanken Sie sich und ziehen Sie sich in die Pause zurück.13. Äußern Sie für das Paar als Ganzes mindestens eine ehrliche Anerkennung.
Schulen Sie hier ihre Aufmerksamkeit für Ressourcen.

Wo die Partner*innen sich ständig ins Wort fallen und streiten, wäre beispielsweise eine Anerkennung:

„Sie haben alle klare Vorstellungen von dem, was Sie wollen und was Sie nicht wollen und stehen auch dazu. Sie haben keine Angst vor Konflikten. Das ist im Alltag eines Paares sicher manchmal anstrengend, aber im Leben draußen oft auch sehr nützlich.“

Wo die das Paar still und zurückhaltend ist, wäre beispielsweise eine Anerkennung:

„Sie warten erst einmal ab und sind vorsichtig in ihren Äußerungen. Das macht es innerhalb des Paares sicher manchmal schwierig zu verstehen, was der / die andere gerade möchte, aber insgesamt ist es oft sehr nützlich, vorsichtig zu sein und erst einmal abzuwarten. Das bewahrt vor manchen Enttäuschungen.“

Wenn in einem Paar eine Person stets das Wort an sich reißt, während die andere schweigt, wäre beispielsweise eine Anerkennung:

„Sie haben als Paar alles Nützliche zusammen: Jemand, der klar zu seinen / ihren Vorstellungen steht und keine Angst vor Konflikten hat und jemanden, der / die mehr die leisere Stimme der Vorsicht und Zurückhaltung übt. Im Alltag eines Paares kann das manchmal schwierig sein, aber grundsätzlich ist es sehr nützlich, wenn solche unterschiedlichen Fähigkeiten in einem Paar zusammenkommen."

14. Äußern Sie dann für Jede*n einzeln eine ehrliche Anerkennung.

15. Geben Sie nun, falls das Anliegen und Ihre Fachlichkeit das nahelegt, eine Botschaft als Expert*in. Es ist nützlich, wenn Sie diesen Rollenwechsel (von der Beraterin zur Expert*in) auch markieren, beispielsweise so:

„Als Expert*in für langjährige Partnerschaften kann ich Ihnen sagen: ..."
„Als erfahrene Familienberater*in möchte / kann ich Ihnen sagen: ..."

16. Geben Sie, wenn es passt, eine kleine Aufgabe, die Sie als Experiment bezeichnen. Schön ist als Standardaufgabe in einer ersten Paarsitzung:

„Beobachten und merken Sie sich bis zum nächsten Mal alles, was Ihnen in ihrer Partnerschaft so gut gefällt, dass Sie es öfter haben möchten."

17. Bedanken Sie sich, stehen Sie auf und verabschieden Sie sich von jeder / jedem mit Handschlag, Augenkontakt und Lächeln.

Übung 75 – Erste Sitzung mit einem kleinen Team (Vorlage in Sie-Form)

Ziel: Das Team kennenlernen und eine kooperative Atmosphäre schaffen

1. Stellen Sie sich dem Team vor und bedanken Sie sich, dass alle gekommen sind. Sichern Sie Vertraulichkeit zu und skizzieren Sie kurz Ablauf und Zeitrahmen der ersten Teamberatung.

Teilen Sie dem Team kurz mit, was Sie schon über den Beratungsanlass wissen und geben Sie dem Team (allen, die möchten) auch Gelegenheit, einzelne Anliegen an die Beratung zu nennen.
Fassen Sie das Anliegen, wo es geht, in Ihren eigenen Worten zusammen mit:
„Sie wünschen sich mehr ..." „Sie möchten besser ..."
Idealerweise finden Sie hier ein Anliegen, dass alle Teammitglieder, die gekommen sind, teilen. Falls das schwierig ist, passt vielleicht eine der folgenden Formulierungen:

„Sie möchten besser miteinander zurecht kommen."
„Sie wünschen sich mehr gute Entwicklungen in Ihrem Team."

2. Fahren Sie dann fort und beginnen Sie bei der Person, die am meisten erzählt hat: „Zunächst möchte ich Sie gerne kennenlernen. Herr Frau ..., was ist Ihre Aufgabe hier im Team?"

3. Dann fragen Sie (zirkulär) jedes andere Mitglied des Teams:

„Was macht Herr ... gut als (...)? Worin ist er gut?" oder „Was hat Frau ... im letzten Jahr gut gemacht? Woran erinnern Sie sich?"
Von Insoo Kim Berg haben wir gelernt: Egal, wie lange eine Person hier zur Beantwortung braucht, sie wartet stets mit freundlicher Zuversicht, bis jedes Teammitglied eine – egal wie kurze – Anerkennung ausgesprochen hat.
Diese gegenseitige Anerkennung bildet die Basis für eine gute Gesprächsatmosphäre.

4. Nachdem Sie mit dieser Runde fertig sind, stellen Sie allen die Wunderfrage, die jede Person für sich und ganz geheim beantwortet (gerne mit Notizen). Eine schöne Einleitung für die Wunderfrage wäre beispielsweise:

„Sie alle möchten in Ihrem Team gut und zufrieden zusammen arbeiten. Nun stellt sich aber sicher jeder und jede von Ihnen darunter etwas anderes vor. Dazu bitte ich Sie um ein kleines Experiment, das jede*r von Ihnen still für sich durchführt. Machen Sie sich gerne kleine private Notizen."

„Stellen Sie sich vor, Sie gehen heute nach Hause, tun die üblichen Sachen und Sie gehen schlafen und über Nacht passiert ein Wunder. Sie wachen morgen früh auf und Sie haben ein Traumteam mit wunderbaren Arbeitsbedingungen, ganz wie Sie es sich wünschen. Wie sieht dann Ihr Tag morgen, wie Ihre nächste Woche dann aus?"
„Stellen Sie sich nun vor, wie zufrieden Sie das macht. Sie sind gleichzeitig fröhlich und entspannt."

5. Fragen Sie mit einer Skalierung nach dem heutigen Stand und einem nächsten kleinen Schritt:

„Wir haben hier eine Skala von 0 bis 10. Wenn 10 für diese wunderbare Entwicklung steht und 0 für die schlimmste Zeit in Ihrem Team, wo zwischen 0 und 10 würden Sie sich heute einordnen?"

„Die Antwort auf die nächste Frage werden wir nicht mehr still für uns machen, sondern gleich laut vorlesen. Ich gebe jetzt jedem/r von Ihnen eine Karte. Schreiben Sie darauf zwei kleine Dinge, die Sie auf Ihrer Skala einen Punkt höher bringen können. Welche kleinen Dinge können getan werden oder passieren, so dass Sie z.B. auf 6 sind und nicht mehr auf 5?"

6. Alle Mitglieder des Teams sind eingeladen, ihre zwei kleinen Sachen vorzulesen. Diese werden aber nur angehört, nicht diskutiert. Dann wird verkündet: „In der ersten Sitzung werden wir dazu noch keine konkreten Verabredungen treffen. Unserer Erfahrung nach verändert sich nach so einer Kennenlernsitzung schon etwas von ganz alleine."

7. (ggf. Krisen-Intervention: „Was brauchen Sie als minimale Grundlage oder Verabredung, damit Sie in der Zeit bis zum nächsten Treffen arbeitsfähig sind und nichts befürchten müssen? Vielleicht eine Art Waffenstillstand? Welche Absprachen oder Hilfen von außen brauchen Sie dazu?"

8. Bedanken Sie sich und ziehen Sie sich in die Pause zurück.

PAUSE

9. Äußern Sie für das Team als Ganzes mindestens eine ehrliche Anerkennung.
Schulen Sie hier Ihre Aufmerksamkeit für Ressourcen.

Wo das Team sich ständig ins Wort fällt und streitet, wäre beispielsweise eine Anerkennung:
„Sie sind ein lebendiges Team. Sie haben alle klare Vorstellungen von dem, was Sie wollen und was Sie nicht wollen und stehen auch dazu. Sie haben alle keine Angst vor Konflikten.

Alle wichtigen Aspekte kommen zu Wort. Das ist im Arbeitsalltag sicher manchmal anstrengend, aber im Leben draußen oft auch sehr nützlich."

Wo das Team sehr still, skeptisch und zurückhaltend ist, wäre beispielsweise eine Anerkennung:
„Sie warten erst einmal ab und sind vorsichtig in ihren Äußerungen. Das macht es vielleicht manchmal schwierig zu verstehen, was die anderen gerade möchten, aber insgesamt ist es oft sehr nützlich, vorsichtig zu sein und erst einmal abzuwarten. Das bewahrt vor manchen Risiken und Enttäuschungen."

Wo einige Personen stets das Wort an sich reißen, während andere schweigen, wäre beispielsweise eine Anerkennung:
„Sie haben in Ihrem Team alles Nützliche zusammen: Menschen, die klar zur ihren Vorstellungen stehen und keine Angst vor Konflikten haben und andere, die mehr die leisere Stimme der Vorsicht und Zurückhaltung üben. Im Gesamtteam ist das sicher manchmal schwierig, aber grundsätzlich ist es sehr nützlich, wenn solche unterschiedlichen Fähigkeiten in einem Team zusammenkommen."

10. Äußern Sie dann bei kleinen Teams für jedes einzelne Mitglied eine ehrliche Anerkennung.

11. Geben Sie nun, falls das Anliegen und Ihre Fachlichkeit das nahelegt, eine Botschaft als Expert*in. Es ist nützlich, wenn Sie diesen Rollenwechsel (von der Beraterin zur Expert*in) auch markieren, beispielsweise so:
„Als Expert*in für Organisationsberatung / Change Management kann ich Ihnen sagen: ..."
„Als erfahrene Teamcoach möchte / kann ich Ihnen sagen: ..."

12. Geben Sie vielleicht ein kleines Standard-Experiment mit:
„Beobachten und merken Sie sich bis zum nächsten Mal alles, was Ihnen im Team so gut gefällt, dass Sie es öfter haben möchten."

13. Bedanken Sie sich, stehen Sie auf und verabschieden Sie sich von jedem Familienmitglied mit Handschlag, Augenkontakt und Lächeln.

Übung 76 – Kollegialer Jahres-Rückblick oder „Positiver Klatsch"

Ziel: Das letzte Jahr unter lösungsfokussierter Perspektive betrachten, eine Kultur der ehrlichen positiven Rückmeldungen etablieren
Ausstattung: Vorbereitete Moderationskarten

Laden Sie Ihre Kolleg*innen zu einem Jahres-Rückblick im Team ein. Auch der Abschluss eines größeren Projektes kann so gestaltet werden.

Zum Ablauf: Es werden 3 bis 5 Kleingruppen gebildet, die folgende Aufgabe erhalten:

„Füllen Sie für jede Kolleg*in und jeden Kollegen, die nicht in Ihrer Kleingruppe sind, eine Moderationskarte aus. Auf der Vorderseite soll ein ehrliches und kurzes Statement zu der Frage stehen:

Das hat uns im letzten Jahr bei Ihnen / bei dir fachlich gefallen / imponiert:

Auf der Rückseite soll ein ehrliches und kurzes Statement zu der Frage stehen:

Das hat uns im letzten Jahr an Ihnen / an dir als Kolleg*innen besonders gefallen / gefreut:

In einer großen Runde steht anschließend jede Kolleg*in einmal im Mittelpunkt. Die Moderationskarten werden verlesen, die Kolleg*in beklatscht und die Karten übergeben.

Übung 77 – Das reflektierende Team („Reflecting Team“)

Ziel: Erfahrung mit dem reflektierenden Team als Form einer Gruppenberatung machen

Die systemische Praxis der klassischen Modelle (z. B. Mailänder Modell, das lösungsfokussierte Modell aus Milwaukee, strategische Therapie) arbeitet mit einer Beratungspause, in der die Klient*in ausgeschlossen ist und nach der eine Schlussbotschaft „verkündet“ wird. Wenig transparent, fanden vor allem die Kolleg*innen in Nord-Europa und suchten nach Wegen, den Klient*innen gegenüber mehr Transparenz herzustellen. So entstand die Methode des reflektierenden Teams, die auch in Deutschland viele Freunde hat.

Es gibt unterschiedliche Modelle des „Reflecting Team“. Als Gründervater dieses Modells wird manchmal Tom Andersen genannt, der Herausgeber des Sammelbandes „Das reflektierende Team“. Auch Ben Furman in Finnland hat großartige Dokumentarbände aus der Arbeit mit reflektierenden Teams geschaffen. Jürgen Hargens hat das Modell in Deutschland bekannt gemacht und weiterentwickelt. Viele Kolleg*innen in Nordeuropa und in Deutschland arbeiten inzwischen nach diesem oder einem ähnlichen Modell.

Hier eine Form, die Sie gut in der kollegialen Beratung ausprobieren können:

Grundsätze des Reflecting Teams:

- Alle Beteiligten sind gleichberechtigt.
- Die Mitglieder des reflektierenden Teams verhalten sich respektvoll und wertschätzend untereinander und gegenüber den Klient*innen.
- Sie ringen nicht um die „richtige“ Position, sondern bejahen die Vielfalt möglicher Deutungen und Ideen.
- Sie formulieren ihre Ideen vorsichtig und „konjunktivistisch“.
- Die Mitglieder des reflektierenden Teams verhalten sich respektvoll und wertschätzend untereinander und gegenüber den Klient*innen.

Zum Ablauf:

1. Berater*in und Klient*in führen ca. 10–15 Minuten lang ein Beratungsgespräch.
2. Ein Beobachtungsteam (mit einer Moderator*in und einer Zeithalterin) tauscht dann etwa 5 Minuten lang Ideen und Eindrücke aus („Metalog“). Es schließt auch echtes Lob und Anregungen ein.

3. Danach hat die Klient*in die Möglichkeit, auf die Ideen des Beobachtungsteams einzugehen. (Hierzu kann die Berater*in Fragen stellen, z. B.: Was hat Sie beeindruckt an dem, was Sie gehört haben? Wem können Sie zustimmen, wem nicht? Was hat Ihnen gefehlt? Was hat Ihnen gefallen?)
4. Angeregt durch den „Metalog" wird die Beratung durch die Berater*in weitergeführt. Auch die Berater*in schließt ihr echtes Lob und ihre Anregungen mit ein. Nach ca. 10-15 Minuten gibt die Berater*in wieder ans Reflecting Team, das sich 5 Minuten lang austauscht.
5. Danach kommt es zu einem weiteren Gespräch zwischen der Berater*in und der Klient*in. Es gibt keine Schlussintervention. Das letzte Wort sollte die Klient*in haben.

Schwierige Beratungssituationen: Die Klient*in kommt nicht weiter

Übung 78 – Verweigern als menschliche Wachstums-Qualität

Ziel: In der eigenen Biografie nach Nicht-Veränderung forschen

Menschen entwickeln sich notwendig zwischen den Polen Eigenständigkeit und Zugehörigkeit, zwischen Hilfe, die sie annehmen und Hilfe, die sie ablehnen.

Wenn sie Hilfe ablehnen, tun sie dies in unterschiedlicher Form je nach Persönlichkeit, Erziehung und Milieu zwischen den Polen

aggressiv .... klagend .... ignorierend

„Will ich nicht! ...." „Kann ich nicht ...." „Hab ich vergessen ...."

Für die Entwicklung eines Menschen ist es sehr wichtig, auch wohlmeinende Pläne anderer Menschen abzulehnen, zu „vergessen" oder anders zu torpedieren, um Eigenständigkeit zu bewahren und die eigene Entwicklung zu sichern.
Selbst sehr streng erzogene Menschen entwickeln subtile Techniken der Ablehnung und Rebellion.

Besprechen Sie (am besten zu dritt) folgendes Element aus Ihrer Biografie:

„Welchen wohlmeinenden Plan eurer Eltern / Großeltern / Geschwister für euch habt ihr nicht akzeptiert? Was war eure Technik der Ablehnung? Offenes Nein? ‚Vergessen'? Ungeschicklichkeit? Eigene Pläne?"

Vielleicht kann diese Übung die Erkenntnis stärken: Unsere Klient*innen haben das Recht auf Nicht-Zusammenarbeit, auf Ausbleiben von Veränderungen, was durchaus einen offenen oder geheimen Sinn oder guten Grund haben kann.

Übung 79 – Stufen der Veränderung – das transtheoretische Modell

Ziel: Das Modell von Prochaska, Norcross und di Clemente kennen lernen und für die eigene Beratungspraxis ausprobieren
Ausstattung: Arbeitsblatt und Notiz-Material

In ihrem Buch „Changing for Good“ legten Prochaska / Norcross / di Clemente, alle Professoren für Psychologie an verschiedenen nordamerikanischen Hochschulen, im Jahre 1995 eine Theorie vor, wie Menschen sich verändern. Ergebnis ihrer eigenen Forschungen und der zahlreichen Forschungen, die sie ausgewertet haben: Es macht Sinn, 5 Stufen der Veränderung zu unterscheiden und durch spezifische Hilfestellungen zu begleiten. Dieses Modell beansprucht Gültigkeit für jedwede Beratung, ganz gleich welchen Modells. Deshalb wird der Ansatz auch als „transtheoretisches Modell“ bezeichnet.

Profis in der Sozialen Arbeit handeln häufig so, als seien alle Ihre Klient*innen im Handlungsstadium der Veränderung. Sind die Klient*innen weniger motiviert und zögerlich, führt dies zu Enttäuschungen.

Es ist – so Prochaska, Norcross und di Clemente – effizienter, sich zu vergewissern, in welcher Phase sich unsere Klient*innen gerade befinden, um Veränderungsprozesse adäquat fördern zu können.

Auch der eigene Energie-Einsatz sollte entsprechend erfolgen. Wenn die Klient*in noch nicht bereit zur Handlungsphase ist, läuft unsere Energie ins Leere. Aus Sicht des transtheoretischen Modells investieren wir viel zu viel Energie in Erstgespräche, während wir die wichtige Durchhalte- oder Stabilisierungsphase vernachlässigen.

Beraten Sie eine Kolleg*in oder einen unbekannten Gast. Richten Sie in der Beratungspause besonders Ihr Augenmerk darauf, in welcher Phase des Veränderungsprozesses sich Ihre Klient*in befindet und gestalten Sie Ihre Rückmeldungen entsprechend:

Phase	Kennzeichen	Geeignete Unterstützung	Vorschlag der Autorin: Energieeinsatz
Vorphase des Nachdenkens (Präkontemplation)	Die Umgebung der Klient*in sieht Veränderungsbedarf, die Klient*in selbst noch nicht	Sicht der Klient*in akzeptieren, freundlich bleiben, herausfinden, warum (z. B. wem zu Gefallen) die Klient*in gekommen ist	30%
Phase des Nachdenkens (Kontemplation)	Erstes zweifelndes Problembewusstsein, Pendeln zwischen Veränderungswunsch und Bleiben wie ich bin, Informationsbedürfnis	Informationen geben, nicht drängen, eher Veränderungstempo drosseln (nur langsam verändern!)	50%
Phase der Vorbereitung	Erste Veränderungsexperimente	Erste Schritte ermutigen, Auswahl der Veränderungswege unter Wahlfreiheit der Klient*in begleiten	70%
Handlungsphase	Klient*innen verändern sich konsequent und planen für eine veränderte Zukunft	Veränderung bestärken, helfen, aus Rückfällen Lernfälle zu machen	90 %
Durchhaltephase	Die Klient*in hält die Veränderungen bei und baut schrittweise ihren Alltag passend dazu	Anerkennung, ermutigende Begleitung, Sicherungspläne bei Rückfällen (was tue ich, wenn …?)	80 %

Übung 80 – Das Gute im Schlechten oder: Von der berechtigten Schwierigkeit, schlechte Angewohnheiten zu lassen

Viele unserer Klient*innen kämpfen mit Angewohnheiten, die sie ablegen wollen. Vielleicht möchten Sie weniger rauchen oder trinken, freundlicher zu ihren Kindern sein oder nicht mehr stundenlang fernsehen. Solche Angewohnheiten zu verändern ist allerdings sehr schwer, wie Sie wahrscheinlich aus eigener Erfahrung wissen, denn:
Gewohnheiten werden nicht ohne Grund entwickelt. Manchmal ist es hilfreich, unsere unangenehmen Gewohnheiten als hilfreiche Freunde zu betrachten, die etwas aus dem Ruder geraten sind. Irgendwann in unserem Leben haben wir sie entwickelt, weil sie uns hilfreich oder nützlich waren oder sind.

Beispiele dafür, wie solche schlechten Gewohnheiten nützlich sein können:

- Sie stellen uns frei von anderen Pflichten, wenn uns alles zu viel wird.
- Sie stellen uns frei von unserem geplanten Alltag.
- Wir können „abschalten" auch wenn andere dabei sind.
- Wir dürfen Pausen machen.
- Wir halten unsere Familie zusammen, indem sich alle Sorgen um uns machen.
- Wir haben Entschuldigungen, wenn bestimmte Pläne nicht umzusetzen sind.
- Wir dürfen wichtige Schritte auf die Zeit verschieben, wo wir die lästige Gewohnheit abgelegt haben.
- Peinliche Gewohnheiten verschaffen uns Zeit mit uns alleine und geben uns das Recht auf Geheimnisse.

Bevor wir nicht herausgefunden haben, wobei uns unsere schlechten Gewohnheiten hilfreich sind und für diese Funktion eine andere Gewohnheit entwickelt haben, wird die erste Gewohnheit hartnäckig wiederkehren.

Hier finden Sie ein ausführlicheres Gesprächsbeispiel:

Arbeitsblatt zu lästigen Gewohnheiten: „Davon weniger / das nicht mehr!"

Wovon will Ihre Gesprächspartner*in in Zukunft weniger tun? (z. B. rauchen, arbeiten, hektisch sein, schlecht gelaunt sein ...)

Womit will Sie vielleicht ganz aufhören?

Versuchen Sie ein Interview nach dem folgenden Leitfaden und beobachten, was geschieht:

1. Lassen Sie sich das Anliegen schildern. Stellen Sie höchstens Verständnis-Nachfragen.

2. Explorieren Sie Ausnahmen:
„Wann zuletzt ist es Ihnen gelungen, weniger ... / mit ... aufzuhören?"
„Wie haben Sie das (damals) geschafft?"
„Was hat Ihnen dabei geholfen?"
„Was haben Sie stattdessen / in der gewonnenen freien Zeit gemacht?"

Machen Sie sich Notizen, in denen Sie festhalten:
a) Prägnante Formulierungen der Klient*in
b) Ausnahmen gelungen durch a) Planung und Disziplin? b) Förderliche Umgebung / Umfeld? c) Glück oder Zufall?
c) Was hat die Klient*in statt dessen gemacht?

3. „Sie wollen in Zukunft weniger ... / mit ... aufhören. Nun hilft ... (z. B. rauchen, arbeiten, hektisch sein, schlecht gelaunt sein) ja manchmal kurzfristig. Wobei hilft Ihnen das zurzeit? Welche Dinge löst das kurzfristig?"

Unterstützen Sie, wenn nötig: „Manchmal hilft (...) ja auch dabei, einfach einmal (...). Wie ist das bei Ihnen?" (Beispiel Rauchen: „Manchen Menschen hilft es bei der anstrengenden Arbeit auch einmal Pause zu machen.")

4. „Wann lösen Sie solche Situationen auf eine Art, die Ihnen besser gefällt? Was machen Sie dann?"
(Ersatzweise:) „Wann zuletzt haben Sie eine solche Situation auf eine Art gelöst, die Ihnen besser gefällt? Was haben Sie da gemacht?" (Beispiel Rauchen: „Wann zuletzt konnten Sie bei der Arbeit auch ohne Rauchen einmal Pause machen?")

Machen Sie sich Notizen, in denen Sie festhalten:
a) Prägnante Formulierungen der Klient*in
b) Ausnahmen gelungen durch
   1) Planung und Disziplin?
   2) Förderliche Umgebung / Umfeld?
   3) Glück oder Zufall?
c) Was hat die Klient*in stattdessen gemacht?

5. „Was könnte ein guter Ersatz für (X) sein, welchen Ersatz (Y) könnten Sie einmal ausprobieren?"

6. „Stellen Sie sich eine Skala von 0 bis 10 vor.
Wenn 10 dafür steht: Ich habe völliges Zutrauen zu mir, dass ich mich an dieses oder ein anderes (Y) schrittweise gewöhnen kann und
0 für das krasse Gegenteil: Das werde ich nicht schaffen. Ich bleibe bei (X).
Wo sind Sie auf dieser Skala heute?“

7. „Wer kennt Sie gut?“ (Namen nennen und Person kurz erläutern lassen.) „Was würde P. sagen, dass ein gutes Y wäre, das (X) ersetzen kann?“ „Und was meinen Sie dazu?“

8. „Was würde P. sagen, wie Sie sich am besten an (Y) gewöhnen können in Situationen, in denen (X) recht nützlich war?“ „Und was meinen Sie dazu?“

9. „Was wäre ein allererster kleiner Schritt, mehr von y zu tun / mehr y zu sein?“ „Und wann ist die Gelegenheit günstig, diesen Schritt auszuprobieren?“ „Wie werden Sie diese Gelegenheit erkennen?“

10. Danken Sie für das Gespräch und gehen Sie in die Pause.

Arbeitsphase in der Pause:

1. Formulieren Sie ehrliche *Anerkennung*, möglichst in der Sprache der Klient*in.

2. Fassen Sie in Worte, wovon sich die Klientin mehr wünscht, was sie demnächst anders angehen möchte.

3. Formulieren Sie ein / zwei Experimente, die dazu anregen, (Y) einmal auszuprobieren.

Schauen Sie, dass Ihr Experiment:

- den ersten Schritt der Klient*in berücksichtigt (Punkt 8), aber eher den Focus auf Punkt 4 legt: Wie löst die Klient*in Situationen, bei denen das abgelehnte Verhalten hilft, sonst noch?
- möglichst *an Verhalten anknüpft*, das die Klient*in bereits erprobt hat und am besten an Verhalten, das eine ähnliche Funktion hat wie das störende Verhalten (ausruhen, Konflikte lösen)
- *nur manchmal ausprobiert wird*. Wenn die Klient*in erfolgreich geplant vorgegangen ist, soll sie manchmal planen. Wenn die Klient*in zufällig manchmal erfolgreich ist, soll der Zufall über das Experiment entscheiden (Münzwurf, würfeln).

Wenn die Klient*in keine Ausnahmen beschreiben konnte, geben Sie ihr eine Vorhersageaufgabe. So oft sie kann, soll sie morgens nach dem Aufwachen vorhersagen, ob es ein besserer Tag wird, an dem sie weniger x und mehr y tut oder ob es ein schlechterer Tag für ihr Anliegen wird und beobachten, wie genau ihre Voraussagen sind.

11. Gehen Sie zurück, danken Sie Ihrer Klient*in noch einmal, dass sie gekommen ist und teilen Sie der Klient*in Folgendes mit:
a) ihre ehrliche, sparsam formulierte Anerkennung
b) den Wunsch der Klient*in, so wie Sie ihn verstanden haben.
c) Kommen Sie dann zu einer kleinen Aufgabe. Leiten Sie die Aufgabe ein mir den Worten: „Wir haben hier ein kleines Experiment, das vielleicht nützlich für Sie sein könnte. Wenn Sie Lust haben, probieren Sie es einmal aus: (Experiment) ... und beobachten, was geschieht."

12. Stehen Sie auf und verabschieden Sie sich von Ihrer Klient*in.

Erweitertes Gespräch: Ersetzen Sie Punkt 2 durch die Wunderfrage und die Wunderskala – was hat der Klient*in geholfen?

Übung 81 – Aus für „Ab morgen"
Anstrengende Veränderungen leichter machen (S)

Wer kennt das nicht? Die guten Vorsätze: „Ab Morgen will ich Sport machen / freundlich zu den Kindern sein / gesund essen / nicht mehr rauchen" sind sehr anstrengend. Zu schnell ist wieder die erste Zigarette, die erste ungesunde Mahlzeit und das erste böse Wort zu den Kindern gesagt. Damit ist der „Tag verloren" für die guten Vorsätze.

Angeregt von einem Einfall meiner niederländischen Kollegin Frederike Jacob besprechen Sie mit der Klient*in, wie sie die Wachstunden des Tages einfach in 3 Abschnitte zerlegen können. Ein Beispiel: Phase 1: Aufwachen bis 11 Uhr, Phase 2: 11 bis 16 Uhr, Phase 3: 16 Uhr bis zum Zubettgehen. Das macht pro Woche 21 Wachabschnitte. Nun kann die Klient*in mit ganz kleinen Schritten anfangen, ihr Verhalten unter die eigene Kontrolle zu bringen.

Besprechen Sie in Ihrer Kleingruppe, wo jede(r) von Ihnen einen Bereich hat, den er / sie gerne ändern möchte, wo Ihnen klar ist, dass schon eine kleine Änderung zu mehr Wohlbefinden führt. Legen Sie für sich persönlich gemeinsam mit der Gruppe fest, welche Ziele Sie wie oft in der Woche anstreben. Beginnen Sie mit ganz kleinen Zielen (beispielsweise 4 von 21 Einheiten pro Woche) und beobachten Sie, was geschieht. Beobachten Sie auch, was Ihnen lieber ist: Sollen die Einheiten vorgeplant werden / als Lose gezogen werden / spontan entschieden werden?

Ein Beispiel:

Plan für eine sportliche Betätigung.

Plan für Abschnitte mit guter Luft (rauchfrei).

	Mi	**Do**	**Fr**	**Sa**	**So**	**Mo**	**Di**
Vor 11 Uhr							
11–16 Uhr							
Nach 16 Uhr							

Übung 82 – Unfreiwillige, unkooperative Beratungssituationen

Ziel: Anregungen für unfreiwillige Situationen mitnehmen

Nicht immer ist Beratung vom Wunsch des Klienten bestimmt, beraten zu werden. Manchmal kommt die Klient*in weniger aus eigenem Antrieb, sondern ist von ihrer Familie, Freund*innen oder helfenden bzw. kontrollierenden oder gar strafenden Institutionen geschickt worden. Sie weiß selbst nicht, was sie in der Beratung soll.

Häufig findet sich eine Mischung aus Beratungs- und Disziplinarangelegenheiten. Schon die Schule ist ein Beispiel dafür, wie Freude am Lernen mit Zwang verknüpft wird. Beispiele für Zwangskontexte finden sich neben der Schule in zahlreichen Bereichen, z.B. in der Straffälligenhilfe, bei arbeitssuchenden Menschen, in Integrationskursen, in der Jugendhilfe.

Sicht der Lösungsfokussierung:
Die einzigen wirklich „unfreiwilligen" oder „unkooperativen" Klient*innen sind die, die NICHT kommen.

Selbst in totalen Institutionen wie dem Gefängnis oder bei Gerichtsverhandlungen haben Menschen die Möglichkeit, nicht zu kommunizieren. Wenn Menschen auch ohne erkennbaren eigenen Antrieb mit uns sprechen, sind die nicht unmotiviert, sondern unsere Aufgabe ist es, ihre Motive zu ergründen und als Basis für ein Arbeitsbündnis zu nehmen.

Hier sind Beispiele für häufige Motive „unmotivierter" Klient*innen:

- Sie erhoffen sich eine Belohnung oder Vergünstigung.
- Sie wollen ein drohendes Übel oder eine Bestrafung vermeiden.
- Ihnen liegt an einer guten Beziehung zur Person, die sie schickt.
- Sie wollen ihre Ruhe haben.
- Sie können / wollen nicht „Nein" sagen.

Diese Motive herauszubekommen und zu erfragen ist der Einstieg in ein gutes Arbeitsbündnis.
Das Arbeitsbündnis muss ein gemeinsames Ziel enthalten, etwas, das die Klient*in wirklich möchte.
Wenn die Klient*in fast stumm bleibt, auf meine ersten Fragen mit Schulterzucken oder „weiß nicht" reagiert, ist es manchmal hilfreich zu fragen: „Wie haben Sie von dem Termin heute erfahren?" „Wer hat Sie informiert?" „Was wäre denn passiert, wenn Sie nicht gekommen wären?" „Wer hatte die Idee, dass Sie hierherkommen?"

Die vermuteten Wünsche der überweisenden / empfehlenden Person können mit einbezogen werden: „Was denkt denn Ihre Mutter / deine Klassenlehrerin, was hier Nützliches passieren kann?" „Woran würde denn der Richter sehen, dass es richtig war, Sie hierher zu schicken?" „Warum ist es ganz nützlich, sich gut mit dem Richter / der Klassenlehrerin zu stellen?"
Oft ist das Motiv „Keinen Ärger bekommen." „Meine Ruhe haben". Hier kann die Beraterin weiterfragen: „Und wenn du hier teilnimmst, bekommst du weniger Ärger?" „Und wenn du hier teilnimmst, hast du eher deine Ruhe?"

Weiter kann dann erfragt werden (Beispiel Schule): „Was wird besser? Was können Sie besser, wenn Sie Ihre Ruhe haben / wenn es keinen Ärger gibt?" „Was würden deine Freunde / dein Lehrer / deine Eltern sagen, was besser ist, wenn du keinen Ärger hast?"

Spätestens wenn Klient*innen „auftauen", gibt es viele Klagen über Ungerechtigkeit, über falsche Anschuldigungen, Missverständnisse und Irrtümer. Hören Sie hier zu, nicken Sie häufig und verteidigen Sie nicht die überweisenden Personen oder Ämter. Äußern Sie Mitgefühl und nicken Sie häufiger, ohne inhaltlich Recht zu geben.

Sind die „wahren" Motive der Klientin klar, können Sie gemeinsam überlegen „wie Sie mich schnell wieder loswerden".

Für ein funktionierendes Arbeitsbündnis sollten Sie aber auch ihre eigenen Motive zur Arbeit offenlegen. Was droht Ihnen oder was fällt für Sie weg, wenn die Klient*in nicht mit Ihnen zusammenarbeitet? Was möchten Ihre externen Auftraggeber von Ihnen? Legen Sie diese Motivlage der Klientin offen dar.

Formulieren Sie selbst und erbitten Sie von der Klientin Vorschläge für ein Arbeitsbündnis. Darin sollten unbedingt Wahlmöglichkeiten und auch freiwillige Anteile enthalten sein.

Beispiele wären:
- 3 Unterrichtsstunden sind Pflicht, danach eine Stunde deutsche Filme anschauen und deutsche Schlager singen sind freiwillig.
- 15 Minuten Gespräch bei der Bewährungshilfe sind Pflicht, die folgenden 20 Minuten sind freiwillige Beratung, die genommen werden kann oder nicht.
- Die Beratungs-Treffen können hier oder verbunden mit einem Spaziergang stattfinden.
- Statt Beratung sehen wir einen Spielfilm und sprechen kurz über den Film.
- Sie suchen aus 3 Terminen einen aus.
- Von 3 Terminen dürfen Sie bei einem fehlen.
- Sie dürfen hier schweigen – Hauptsache, Sie kommen.

Noch einmal die einzelnen Schritte:

1. Verständnis für die Situation äußern. Auf der Seite der Klient*in bleiben.
2. Was sind die Motive der Klient*in, überhaupt zu kommen?
3. Was sind meine eigenen Interessen und Zwänge, die Beratung / den Unterricht durchzuführen?
4. Welches Arbeitsbündnis können wir treffen? Was ist minimal zu leisten, damit die Teilnahme bestätigt werden kann und was sind freiwillige Anteile?

Übung 83 – Die Klagenden-Situation

Manchmal wollen Menschen jammern und klagen. Sie wollen einfach einmal Ärger loswerden und die Welt sieht aus ihrer momentanen Sicht unfreundlich und insgesamt schwarz aus. Solche Situationen kennen wir alle. Ob wir Liebeskummer haben oder uns über unsere Chefin ärgern – auch wir wollen manchmal nur klagen und keine guten Ratschläge hören.

In der Lösungsfokussierung wird eine solche Situation in der Beratung „Klagenden-Situation" genannt:

Eine Klagende ist überzeugt, dass sie selbst alles getan hat, was nur menschenmöglich ist und dass eine andere Person oder unglückliche Umstände an der Misere schuld sind. Wenn sich diese Personen oder Umstände nicht ändern, werden auch die Probleme bestehen bleiben.

In der Regel sind uns solche Gespräche unangenehmer als die mit aufgeschlossenen und optimistischen Gesprächspartner*innen. Gerade bei Menschen, die gerne und gut helfen können, lösen Begegnungen mit Klagenden ungute Gefühle aus. Helfende Persönlichkeiten haben ihre Mission nicht erfüllt. Die Gefahr ist groß, eher viel zu arbeiten, Beratungszeiten zu überziehen, vorschnell Rat„schläge" zu geben und alles zu versuchen, um die Menschen aus ihrer klagenden Position herauszuholen. Misslingt dies, besteht die Gefahr, dass Berater*innen gereizt und ungeduldig reagieren.

Ich möchte Ihnen in der Weiterentwicklung der Ansätze von Insoo Kim Berg lösungsfokussierten Ansatzes ein anderes und erfolgreiches Gesprächsverhalten vorschlagen:

Grundannahmen
Die Klagende hat recht.

Folgen wir konsequent den theoretischen Grundannahmen des Konstruktivismus, müssen wir der Klagenden recht geben: Sie hat wirklich alles getan, was in ihrer Macht liegt, um die Situation in den Griff zu bekommen. Auch wenn die Situation für Sie als Berater*in sich anders darstellt: Für die Klagende ist das jedoch anders: Sie hat recht.

„Entspannen Sie sich! Setzen Sie wenig Energie ein!"

Sobald Sie die Situation als Klagenden-Situation eingeschätzt haben, lehnen Sie sich innerlich zurück. Hier ist zwar Ihre Aufmerksamkeit und Anteilnahme gefragt, aber zunächst nicht Ihre Energie. Klagende befinden sich nur scheinbar in einem Gespräch. Es ist eher ein Monolog. Fahren Sie Ihre Energie auf 20% herunter! Sie sollen der Klagenden zunächst nur verständnisvoll zuhören. Ideen, Analysen und Ratschläge sind jetzt nicht gefragt.

Passen Sie sich in Tonfall, Lautstärke und Körperhaltung der Sprechweise der klagenden Person an. Damit verweigern Sie den Komplementär-Part und verhindern, dass die klagende Person immer mehr ins Jammern kommt, während Sie selbst energisch und mit (vergeblich eingesetzter und deshalb frustrierender Energie) an ihr zerren.

Die Situation ist durch Entspanntheit, nicht durch Kraft in den Griff zu bekommen!

Lassen Sie die Klagende erzählen, berichten, anklagen, Beispiele nennen.

Alles, was Sie tun müssen, ist die Klagende ausreden zu lassen und verständnisvoll zuzuhören, bis die Klagen ausgehen.

Gewöhnlich hat die Klagende bereits lange nachgegrübelt oder sich geärgert. Sie möchte sich zunächst einmal „aus-sprechen". Nehmen Sie dies wörtlich. Unterbrechen Sie den Fluss der Rede nicht durch Fragen und schon gar nicht durch Vorschläge!

Seien Sie gesammelt und aufmerksam, aber beteiligen Sie mehr Ihr Gefühl als Ihren Kopf. Denken Sie daran, wie hier eine mitfühlende Großmutter oder ein älterer Nachbar zuhören würden: Nicken Sie ab und an, respektieren Sie auch durch Ihre Miene den Ernst und die Schwierigkeit der Situation, flechten Sie kurze verständnisvolle Äußerungen ein („oh je!" „Wirklich?" „Mh!").

Wenn Sie detektivische Fragen und Ratschläge vermeiden, fehlt der Klagenden der gesellschaftliche Widerpart für das „Ja-aber-Spiel", das Sie sicher kennen: Sie selbst machen mit energischer und aktiver Stimme Vorschläge, während Ihr Gegenüber an jedem Vorschlag etwas auszusetzen hat („Das geht sowieso nicht." „Aber dazu fehlt mir die Zeit."), was für Sie ermüdend und frustrierend ist und die klagende Gesprächspartner*in auch nicht weiterbringt.

Aber: Wollen die Klagenden nicht sofort eine Entscheidung oder einen Ratschlag von mir?

Das ist nicht der Fall! Beziehungsweise: Wenn das der Fall ist, haben wir keine Klagenden-Situation, sondern eine aktive Klient*in in der Beratung.

Warten Sie also, bis die Klagen dünner geworden sind oder bis Sie selbst Ihre „Un-Tätigkeit" nicht mehr aushalten.

Fragen Sie dann:
„Was werden Sie jetzt tun?“

Antwortet die Klagende: „Ich weiß auch nicht …“, dann fragen Sie weiter:
„Was haben Sie schon überlegt?“

Und erst danach :
„Was haben Sie überlegt, das ich tun könnte?“

Beenden Sie Gespräche mit Klagenden pünktlich! Als professionell Helfende neigen wir dazu, den Kontakt auszuweiten, um doch noch eine Möglichkeit zur Beratung der Klagenden zu finden. Nehmen Sie hier in jedem Fall die Situation in die Hand und beenden Sie das Gespräch freundlich und zugewandt, aber pünktlich!

Übung 84 – In Gelassenheit Klagende klagen lassen Teil I

Ziel: Erweiterung der Schweigekapazität – Arbeit an der eigenen Helfer-*innen-Persönlichkeit

Nehmen Sie für die folgende Übung abwechselnd die Rollen ein und üben Sie für 3 Minuten (nicht länger!).

„Klient*in“: Jammern und klagen Sie über eine wirklich für Sie bejammerns- und beklagenswerte Angelegenheit (zum Beispiel Ihr schulfaules Kind oder Ihre nervige Kolleg*in, das schlechte Wetter, die Hitze).

Berater*in: Hören Sie ehrlich mitfühlend zu, aber fahren Sie Ihre Energie herunter. Äußern Sie Laute des Mitgefühls und wiederholen Sie einzelne kleine Satzteile und äußern Sie sich (echt!) mitfühlend.

Erst, wenn der Klagefluss spärlicher wird, erfragen Sie: „Und was wirst du jetzt machen?“

Auf die Antwort „Ich weiß es nicht.“ fragen Sie bitte nach: „Was hast du schon überlegt?“ – Sie werden staunen, wie viele Menschen hier antworten.
Fragen Sie erst danach: „Gibt es irgendetwas, das ich für dich tun könnte?“

Hören Sie die Antwort an und bedanken sich für das Gespräch. Wechseln Sie die Rollen.

Beobachter*in: beobachtet und gibt nach 5 Minuten das Signal zum Wechseln.

Übung 85 – In Gelassenheit Klagende klagen lassen Teil II

Ziel: Erweiterung der Schweigekapazität – Arbeit an der eigenen Helfer*innen-Persönlichkeit

Auch im Verwandten- oder Freundeskreis haben Sie gerne ein offenes Ohr und geraten auch dort in Klagenden-Situationen hinein? Im Privatbereich sollten Sie Beratungen möglichst vermeiden, aber auch rein verwandtschaftliche und freundschaftliche Kommunikation mit Klagenden wird oft anstrengend, weil wir mit zu viel Energie in diese Situationen gehen. Hier rege ich Sie an, im Privatleben einmal auf neue Art auf solche Situationen zu reagieren und damit Erfahrungen zu sammeln.

Nehmen Sie sich für eine nächste Klagenden-Situation im Privatleben (Freundin mit Liebeskummer am Telefon, enttäuschte Schwiegermutter, schulfaule Kinder ...) vor, das oben geschilderte 4-Schritte-Programm zu versuchen:

1. Zuhören, Bedauern, Energie auf 20%

2. Erst, wenn der Klagefluss spärlicher wird: „Was wirst du jetzt tun?“ und „Was hast du schon überlegt?“

3. „Hast du etwas überlegt, was ich tun könnte?“

4. Gespräch freundlich und pünktlich beenden

5. Beobachten Sie, wie es Ihnen am Abend mit dieser Entwicklung geht.

Literatur

Kleine Lese-Empfehlung zu den Klassikern

Dieses Buch ist kein Lehrbuch der Lösungsfokussierung, sondern ein Trainingsbuch. Es muss ergänzt werden durch begleitende Seminare und Lektüre. Hier der Hinweis auf eine kleine Auswahl der „Klassiker" des systemisch-lösungsfokussierten Ansatzes

BERG, Insoo Kim (2015): Familien-Zusammenhalt(en). Ein kurz-therapeutisches und lösungs-orientiertes Arbeitsbuch. Dortmund: verlag modernes lernen

BERG, Insoo Kim & Scott D. MILLER (2018): Kurzzeittherapie bei Alkoholproblemen. Heidelberg: Carl-Auer-Systeme

BERG, Insoo Kim & Therese STEINER (2019): Handbuch Lösungsorientiertes Arbeiten mit Kindern. Heidelberg: Carl-Auer-Systeme

DE JONG, Peter & BERG, Insoo Kim (2023) : Lösungen (er)finden. Das Werkstattbuch der lösungsfokussierten Kurztherapie. Dortmund: verlag modernes lernen

DE SHAZER, Steve mit Yvonne DOLAN (2022) Mehr als ein Wunder. Die Kunst der lösungsfokussierten Kurztherapie. Heidelberg: Carl-Auer-Systeme

DE SHAZER, Steve (2022): Der Dreh – überraschende Wendungen und Lösungen in der Kurzzeittherapie. Heidelberg: Carl-Auer-Systeme

FURMAN, Ben (2019): Es ist nie zu spät, eine glückliche Kindheit zu haben. Dortmund: verlag modernes lernen

SZABÓ, Peter & BERG, Insoo Kim (2019): Kurzzeitcoaching mit Langzeitwirkung. Dortmund: *BORGMANN MEDIA*

Seminare von Lilo Schmitz finden Sie unter: www.gutberaten.cologne

Quellen zu weiteren Angaben im Buch

ANDERSEN, Tom (2018): Das reflektierende Team. Dortmund: verlag modernes lernen

BRÄCHTER, Wiltrud (2022): Einführung in die systemische Sandspieltherapie. Heidelberg: Carl-Auer-Compact

FENGLER, Jörg (2013): Burnout-Prävention im Arbeitsleben. Das Salamander-Modell. Stuttgart: Klett-Cotta

JACOB, Frederike (2003): Essstörungen lösungsorientiert überwinden. Dortmund: borgmann publishing

MADELUNG, Eva und Barbara INNECKEN (2015): Im Bilde sein. Vom kreativen Umgang mit Aufstellungen in Einzeltherapie, Beratung, Gruppen und Selbsthilfe. Heidelberg: Carl-Auer-Systeme

PROCHASKA, James u.a. (2010): Changing for Good. New York: Harper-Collins

SATIR, Virginia (2016): Selbstwert und Kommunikation. Stuttgart: Klett-Cotta

SEIWERT, Lothar (2018): Wenn du es eilig hast, gehe langsam. Frankfurt: Campus

SCHULZ VON THUN, Friedemann (1998): Miteinander reden 3: Das „Innere Team“ und situationsgerechte Kommunikation: Kommunikation, Person, Situation. Reinbek: Rowohlt

VARGA VON KIBED, Matthias und Insa SPARRER (2023): Ganz im Gegenteil. Tetralemmaarbeit und andere Grundformen Systemischer Strukturaufstellungen. Heidelberg: Carl-Auer-Systeme

WATKINS, Helen & John WATKINS (2019): Ego-States. Theorie und Therapie. Heidelberg: Carl-Auer-Systeme

Raum für Notizen

Raum für Notizen